# PROMENADE

# DANS LA HAUTE ITALIE.

# PROMENADE

# DANS LA HAUTE ITALIE

Par Lowis Mortier.

BOURG,

IMPRIMERIE DE MILLIET-BOTTIER.

—

1859.

# PROMENADE

## DANS LA HAUTE ITALIE.

De toutes les annales de l'histoire, il en est peu d'aussi attachantes que celles de l'Italie, ce théâtre classique des arts et du génie qui séduit à la fois par l'éclat de ses décors, la grandeur de ses personnages et la puissance de ses effets scéniques.

Quand, il y a 2,600 ans, une charrue traçait, dans la campagne du Latium, l'enceinte d'une cité nouvelle, son fondateur ne prévoyait guère l'étendue de sa domination future. De même, quand le peuple-roi promenait ses aigles victorieuses jusqu'aux confins du monde, il ne soupçonnait pas l'imminence de sa chute, encore moins

1

le caractère de la puissance qui allait mettre la sienne en péril. Quand enfin les barbares inondaient la Péninsule comme la lave vomie par un cratère, elle n'imaginait pas que ce baptême de sang lui fût nécessaire pour la purifier des souillures du paganisme et la préparer à l'accomplissement des desseins providentiels.

Si, à ce moment, l'Italie n'eût pas été prédestinée, elle aurait disparu du rang des nations civilisées, comme la Grèce, l'Egypte et l'Asie; mais, par une faveur sans précédent dans l'histoire, cette terre privilégiée ne faisait qu'inaugurer une ère nouvelle de gloire et de splendeur.

Pendant les déchirements du monde romain, un apôtre de la vérité était venu prendre possession de la ville des Césars et Rome allait continuer avec la croix la souveraineté qu'elle avait exercée avec le glaive; elle allait devenir le centre moral du monde régénéré, après avoir été le centre matériel du monde civilisé.

C'est sous l'influence réparatrice du catholicisme que les municipes italiens purent ressaisir leur autonomie un moment compromise dans la tourmente et constituer ces puissantes républiques qui devaient porter l'Italie à l'apogée des arts et des sciences.

Mais avant, que de luttes et d'épreuves pour échapper à la sanglante anarchie des premiers siècles de l'ère chrétienne; si l'Italie n'avait eu un point d'appui dans l'autorité du chef de l'Eglise, jamais elle n'aurait résisté à cet ouragan de batailles, de crimes et de misères qui, pendant 400 ans, s'attaque à tout, excepté aux pontifes de Rome, dont l'héroïque contenance intimide Attila, fléchit Genséric, désarme Luitprand et fascine la barbarie par le prestige de la thiare.

C'est ainsi que la papauté préludait à ses courageuses résistances contre les prétentions étrangères, car il est à remarquer qu'elle fut toujours l'expression des véritables intérêts de l'indépendance italienne : « Ce que le christianisme fit en grand pour la liberté du monde, dit M. Artaud, le Saint-Siége le fit pour la liberté de l'Italie...» Dans la terrible guerre des Guelfes et des Gibelins, la cause du Pape fut toujours celle du peuple et le parti guelfe est resté le parti national.

Jamais les républiques italiennes ne seraient parvenues à maintenir leur indépendance, sans des caractères énergiques comme ceux des papes Grégoire VII, Alexandre III et Innocent III qui obligeaient les puissantes maisons de Franconie et de Hohenstauffen à s'humilier devant la suprématie de l'Eglise; jamais elles n'auraient porté si haut leurs gloires artistiques, sans des natures libérales comme celles des papes Jules II, Léon X, Clément VII, Paul III et Grégoire XIII, qui donnaient un si brillant essor au mouvement intellectuel de leur époque.

Les intérêts de l'Italie sont donc, quoi qu'on ait pu dire, intimément liés à ceux de la papauté, car c'est à cette institution théocratique qu'elle est redevable de sa vie et de sa civilisation modernes.

Si nous voyons aujourd'hui le peuple italien faire d'impuissants efforts pour rassembler les éléments épars de sa nationalité, c'est qu'il subit l'action dissolvante des dominations rivales qui ont morcelé sa puissance et qu'une seconde fois il porte le châtiment des crimes qui ont déshonoré sa politique; mais il croit à ses destinées futures, parce qu'il croit à l'immutabilité du Saint-Siége et qu'il puise dans le sentiment de sa foi la conscience de sa vitalité.

L'Italie est aujourd'hui le rendez-vous des penseurs, des artistes et des savants; toutes les aspirations sont tournées vers ce domaine du passé et de l'éternité qui est à la fois, pour le philosophe, un vaste champ de méditations; pour l'antiquaire, un précieux musée d'archéologie; pour l'artiste, le jardin et le salon de l'Europe; pour le poète, le berceau du Dante, de Pétrarque, de l'Arioste et du Tasse; pour le catholique, une seconde patrie, et, pour tous, une source inépuisable d'enseignements et d'émotions.

Ces puissantes considérations nous ont aussi déterminé à diriger nos pas vers cette terre classique des souvenirs qui sollicite le touriste par la beauté de son climat, la richesse de ses temples, la splendeur de ses musées, la majesté de ses ruines. Seulement, comme il ne nous était pas loisible d'embrasser le vaste cadre d'exploration offert à notre curiosité, nous avons dû nous borner à prendre un avant-goût de la ville éternelle dont le pélerinage est désormais l'objet de tous nos vœux.

Ayant associé à nos chances de voyage deux compagnons éprouvés, la vapeur nous emporta d'un trait jusqu'à St-Jean-de-Maurienne, aux confins de la Savoie, en nous laissant à peine le temps de jeter un regard fugitif sur les deux vallées les plus pittoresques de notre département: sur les rives attachantes du lac du Bourget; sur

la jolie ville d'Aix-les-Bains, blottie dans son nid de verdure: sur la capitale de la Savoie, patrie des comtes de
Maistre et du général de Boigne; sur l'ermitage des
Charmettes, où J.-J. et M^me de Warens ont abrité leurs
amours ; sur le bourg de Montmélian qui récolte les meil-
leurs vins de la Savoie et sur le village d'Aiguebelles
dont les maigres cultures se ressentent du voisinage des
Alpes.

Les chemins de fer ressemblent à ces dioramas qui
déroulent sous les yeux de l'observateur une série de
points de vue dont il ne garde qu'une impression confuse
et mal définie. L'habitude de franchir les distances à tire
d'aile a singulièrement altéré le caractère et la physionomie des voyages dans lesquels nous ne cherchons plus
que des impressions d'accident. Possédés du désir de voir
vite et beaucoup, nous n'accordons qu'une attention dis-
traite aux beautés dont la contemplation méditative
pourrait verser dans notre âme des trésors de rêverie;
nous assistons presqu'indifférents à ce défilé de paysages
dont la poésie nous échappe et nous voyageons un peu à
la façon de *Gulliver* qui ne voyait que des bûches dans
les forêts et des sacs de grains dans les champs.

St-Jean-de-Maurienne est une misérable contrée, res-
serrée entre les contreforts des Alpes et ensevelie, l'hiver,
dans les neiges et les frimas, comme les régions glacées
du pôle; aussi, ses habitants semblent-ils participer de
la nature des Samoyèdes, à en juger par l'affligeant
spectacle de ces êtres infortunés qui promènent une
grosse tête sans idées sur un corps grêle et difforme.

A mesure qu'on avance dans les escarpements de ces

gorges sombres, la végétation s'appauvrit de plus en plus, les terrains granitiques prennent des tons fauves et sinistres, les torrents roulent avec fracas au fond des abîmes, les rochers s'échaffaudent dans les positions les plus inimaginables et la neige étend son éternel linceul sur des cîmes tourmentées comme des vagues blanchies par l'écume.

On monte ainsi jusqu'à Lans-le-Bourg qui grelotte neuf mois de l'année sur son plateau inhospitalier. C'est à ce village que commence l'ascension du Mont-Cenis, dernier gradin de cet escalier de Titans. Les difficultés de ce passage alpestre ont été considérablement aplanies par la magnifique route ouverte, en 1803, sur les ordres de Napoléon. Aux deux versants de la montagne s'échelonnent des maisons de refuge où d'intelligents gardiens sont préposés à l'entretien de la route et à l'assistance des voyageurs, double mission dont ils s'acquittent avec autant de zèle que de dévoûment. Les hauteurs sont couronnées par une vaste plaine dans laquelle on est tout étonné de rencontrer un lac d'une assez grande étendue dont les eaux d'un beau bleu d'indigo renferment, dit-on, d'excellentes truites.

Tout près de là s'élève le couvent de ces pieux cénobites que nous avons déjà admirés au St-Bernard, que nous retrouverons au Simplon et qu'on rencontre partout où les appelle leur héroïque mission. Au milieu des tourmentes qui confondent le ciel et la terre, ces martyrs de la charité chrétienne n'hésitent jamais à sauver la vie de leurs semblables au péril de la leur, et chacun de leurs pas dans ces déserts de neige est marqué par un bienfait.

Sur le versant italique, la route décrit d'interminables lacets avant d'arriver à Suze, ville épiscopale qui possède une ruine romaine assez intéressante : c'est un arc de triomphe en marbre de 15 mètres de haut sur 12 de large, élevé à César (Auguste), vers l'an de Rome 746. Il est soutenu, aux quatre angles, par de belles colonnes cannelées avec des chapiteaux délicatement fouillés sur lesquels repose un fronton circulaire orné de bas-reliefs mutilés et d'inscriptions à demi-effacées.

A Suze, on retrouve la seconde section du chemin de fer *Victor-Emmanuel* que la colossale percée du Mont-Cenis doit relier à la ligne de Savoie. Un moment encaissée dans les dernières gorges des Alpes, la voie ferrée ne tarde pas à déboucher dans une immense plaine qui déroule jusqu'à l'Adriatique son beau tapis vert dont la fraîcheur est entretenue par de nombreux cours d'eau, tels que le Pô, l'Adige, le Tessin, la Brenta, la Piave, l'Adda., la Dora qui descendent de tous les points des Alpes. Abritée du nord par ces puissants remparts de granit qui dressent vers le ciel leurs créneaux gigantesques, cette riche contrée jouit d'un climat privilégié ; exhaussée de 8 à 10 mètres seulement au-dessus du niveau de la mer, elle abonde en produits de toute nature, et ses vergers sont semés à profusion de mûriers, d'oliviers, de figuiers et d'amandiers. Pour compléter le décors, la vigne enroule ses pampres autour de cette exubérante végétation ; rejetée en écharpe sur les arbres, elle tombe en guirlandes le long des branches ou suspend ses festons d'une tige à l'autre. Mais, à vrai dire, cette élégante disposition doit être plus goûtée de l'artiste que du consommateur, car, je me demande quel profit on peut tirer de ces grappes éternellement vertes qui rendent d'ailleurs un assez mauvais service aux arbres condamnés à leur servir de support.

La capitale du Piémont est assise dans cette belle vallée, au confluent du Pô et de la Dora. Apparemment qu'elle a voulu rivaliser de coquetterie avec la nature qui l'environne, car c'est une des villes les plus correctes de l'Italie. Ses rues, pour la plupart coupées à angles droits, sont irréprochables de propreté, d'alignement et de symétrie, ce qui ne laisserait pas que d'être assez monotone, si quelques grandes et belles places ne venaient rompre cette uniformité. La place *Victor-Emmanuel* notamment se recommande par son admirable situation. Le Pô qui coule à l'une de ses extrémités, baigne de ravissantes collines parsemées de villas, de massifs de verdure et couronnées à leur sommet par des églises ou des couvents.

Si Turin a un caractère aussi moderne, c'est qu'elle a dû plus d'une fois se relever de ses ruines, car sa position géographique a été pour elle une source de désastres. Quand Annibal passa les Alpes, elle était déjà si puissante, que le général carthaginois n'ayant pu réussir à s'en faire une alliée, imagina de la détruire pour n'avoir pas à la redouter comme ennemie. Toutes les hordes barbares qui inondèrent l'Italie laissèrent à Turin de funestes traces de leur passage, mais elle survécut à tous les événements et devint très-florissante au moyen-âge, sous l'illustre maison de Savoie.

Lors de la conquête du Piémont par François I<sup>er</sup>, ce monarque exaspéré par la longue résistance de Turin, brûla ses faubourgs et il ne fallut pas moins de deux siècles pour réparer cet échec. La dernière période du siècle passé et la première du siècle actuel ne lui ont pas été moins fatales ; mais, depuis les traités de Vienne et de Paris, le gouvernement sarde ayant été constitué et réintégré dans la maison de Savoie, Turin a reconquis en peu de temps ses avantages momentanément compromis.

Les princes de la maison de Savoie habitaient anciennement le palais *Carignan*, sur la place de même nom, qui sert encore aux réunions du Corps des députés. Le palais royal actuel est sur la place du Château.

Sur cette même place s'élève un autre palais, flanqué de quatre tours en brique, qui servit aussi de résidence aux ducs de Savoie. La façade principale a été restaurée en 1720, mais les trois autres côtés ont conservé leur caractère primitif. Ce monument sert aujourd'hui d'observatoire, de sénat et de musée.

Le musée renferme plus de 500 tableaux originaux. C'était d'abord un cabinet particulier des ducs de Savoie, comme le Musée du Louvre fut le cabinet des rois de France, mais Charles-Albert en fit présent à ses sujets, en 1832. Un des principaux tableaux est une Madone attribuée à Raphaël et achetée 75,000 fr. par Charles-Albert. On y voit aussi de belles toiles du Tintoret, de Paul Véronèse, du Guerchin, du Guide, de l'Albane et autres célébrités des écoles italiennes. L'école française y est représentée par le Poussin et Claude Lorrain ; l'école espagnole, par Ribera et Vellasquez ; l'école allemande par Albert Durer et Holbein ; l'école flamande par Hemling, Van-Dyck, Rubens, Rembrandt, Téniers, Breughel, Berghem et Ruisdaël.

Outre cette riche galerie, Turin possède encore le plus précieux musée Egyptien qui existe en Europe. Charles-Félix l'a acheté, en 1823, du chevalier piémontais Drovretti, alors consul de France auprès du vice-roi d'Egypte. Il se compose de statues des anciens Pharaons, de sarcophages renfermant des momies, d'une collection de papyrus, d'une variété de scarabées, symboles vénérés des Egyptiens, et d'une infinité d'autres objets curieux.

A Turin, les chemins de fer rayonnent dans toutes les directions: nous inclinâmes pour celui de Gênes, en motivant nos préférences sur deux considérations déterminantes : d'abord, au moyen de la vapeur, la ville des palais n'est plus qu'à quatre heures de la capitale du Piémont ; ensuite, la voie ferrée rencontre sur son passage la plaine de Marengo à laquelle nous désirions porter l'hommage de notre patriotisme.

A cet effet, nous nous arrêtâmes à la station d'Alexandrie, ville fortifiée qui garde l'entrée de Marengo, au confluent du Tanaro et de la Bormida. De là nous nous fîmes conduire sur le théâtre de la sanglante mêlée du 14 juin 1800 qui fut d'autant plus glorieuse pour notre drapeau qu'un moment la fortune s'était plue à lui disputer la victoire.

Dans l'endroit même où le premier consul a passé la nuit qui précéda cette mémorable journée, s'élève une riche maison de campagne que son propriétaire actuel, le baron Gataldi, de Gênes, a vouée sans réserve au culte des grands souvenirs de l'empire. Les appartements, décorés avec un goût parfait, sont, dans leurs moindres détails, dédiés à la mémoire de Napoléon. Les fresques, les tapisseries, les tableaux, les statues, jusqu'aux porcelaines, aux mosaïques et aux pendules, tout y retrace quelqu'épisode de sa vie, quelque page de ses victoires.

En outre, le plan de cette élégante construction a été combiné de façon à se raccorder avec la chambre où le premier consul vint chercher quelques heures de repos, dans la nuit du 13 juin, après qu'il eût pris toutes ses dispositions stratégiques. On n'a eu garde d'en altérer la physionomie première qui est des plus modestes.

Une seule ouverture pratiquée dans l'épaisseur de la muraille ne laisse pénétrer qu'une lumière douteuse dans l'intérieur de la chambre. C'est sur la tablette de cette fenêtre que le vainqueur de Marengo signa la suspension d'armes demandée par Mélas en déroute. Un fauteuil en bois de chêne noirci, qui repose sur un simple revêtement de briques, constitue tout l'ameublement de cet humble local. C'est sur ce fauteuil que dormit d'un profond sommeil l'émule des Césars, la veille de la bataille qui allait le placer au faîte de la puissance et de la gloire. Pour compléter l'impression qu'éveille la vue de ces objets, tous les débris qui ont été retrouvés épars sur le champ de bataille s'étagent le long des murs, où ils sont appendus comme des trophées.

C'est un vrai musée d'armes, de projectiles et de fourniments oxidés, tordus, mutilés et surmontés de quelques lambeaux de vieux drapeaux noircis par le temps et par la poudre. Crosses et canons de fusils, étuis et lames d'armes tranchantes, caisses et baguettes de tambours, balles et boulets, casques et baudriers, tout ce qu'a heurté le soc de la charrue a sa place marquée dans cette panoplie où figurent jusqu'à des gachettes de fusil, jusqu'à des boutons d'uniforme.

L'habitation du baron Gataldi est de plus un observatoire d'où l'on peut facilement embrasser le plan de la bataille et suivre le développement de l'action engagée dans la vaste plaine qui se déploie tout à l'entour.

Le regard s'arrête avec complaisance sur les hauteurs de Montebello, illustrées par le bouillant courage de Lannes qui conquit son titre de duc à la pointe de sa vaillante épée, en culbutant l'armée du blocus de Gênes accourue pour grossir les troupes de Mélas.

Derrière cette gracieuse colline l'horizon est fermé par la chaîne des Apennins qui se dresse comme un rempart entre la mer et le continent.

Au cœur de la plaine, entre les rivières de la Scrivia et de la Bormida, est modestement assis le petit village de Marengo sur lequel s'est concentré le mouvement et l'intérêt de la bataille.

Franchissant la Scrivia, l'armée française s'était emparée de cette position, après une faible résistance, quand, de son côté, l'armée autrichienne franchissant la Bormida, avec des forces numériques beaucoup plus considérables, parvint, après des efforts inouis, à rentrer dans cette occupation qui lui fut chèrement disputée. Terrible comme un lion, le général Victor, plus tard duc de Bellune, s'acharna pendant huit heures contre la masse des assaillants et ne lâcha prise que lorsque l'épuisement complet de ses forces eut rendu toute résistance matériellement impossible.

Cette énergie surhumaine devait avoir sa récompense. Desaix, qui était à dix lieues de là, ayant heureusement prévu et devancé le commandement du général en chef, débouchait sur les hauteurs de San-Giuliano, au moment où l'aile droite, sous la conduite de Lannes, battait en retraite devant des forces quintuples et sous le feu de 80 pièces de canons.

Tirant alors sa montre et voyant qu'il n'était que trois heures, l'intrépide Desaix s'écrie : « Nous venons de perdre une première bataille, mais il nous reste le temps d'en gagner une seconde. » Quelques instants après, sa division, soutenue par la brillante charge de Kellermann, entamait le flanc de l'ennemi, rompait ses colonnes, y jetait le désordre et faisait passer la victoire dans nos rangs.

Mais hélas ! cette victoire coûtait à la France une de ses plus belles espérances ; le jeune héros qui l'avait apportée dans les plis de son drapeau tombait mortellement atteint, avant de recueillir les fruits de son beau fait d'armes.

Dans les dépendances même du château, au détour d'une allée bordée de fleurs et d'arbustes, un socle de marbre noir surmonté du buste de Desaix marque l'endroit fatal où le jeune général a trouvé une mort si glorieuse, mais si prématurée.

A deux pas de là, dans une crypte funéraire qu'ombrage un massif de verdure, sont soigneusement empilés les ossements qu'on a retrouvés épars sur le sol. Tous ces crânes blanchis disent assez au prix de quelles sanglantes hécatombes s'achète le gain d'une bataille.

Au reste, qu'il y ait gain ou perte, le sacrifice est toujours le même. A Waterloo, comme à Marengo, la France a prodigué le sang et l'héroïsme de ses soldats, mais la fortune était lasse de lui sourire et tous ses efforts vinrent se briser devant l'arrêt du destin.

Pour nous qui avions parcouru les champs de Waterloo avant de venir méditer devant l'ossuaire de Marengo, nous ne pouvions nous défendre d'un amer rapprochement entre les traditions de gloire et les souvenirs de deuil qui se rattachent à ces deux champs de bataille dont l'un fut le berceau et l'autre le tombeau de l'Empire.

On a parfaitement caractérisé ces deux situations extrêmes en disant que Waterloo avait été la contre-partie de Marengo, car les Anglais étaient battus en 1815, comme les Français l'auraient été en 1800, sans l'arrivée des renforts qui débouchèrent à point nommé des hauteurs de San-Giuliano et des bois de Frichermont pour gagner une bataille perdue.

Rien ne prouve mieux la fragilité de la puissance humaine que la présence de ces deux corps détachés venus, comme par accident, pour édifier et renverser un empire.

Ainsi, à Marengo, bien que l'ordre eût été expédié à Desaix de se porter en toute hâte sur le théâtre de l'action et que son arrivée fût conséquemment prévue, elle risquait d'être trop tardive sans l'intelligente initiative du jeune général.

A Waterloo, au contraire, l'arrivée de Blücher déjoua

toutes les prévisions de Napoléon. Grouchy avait été spécialement chargé d'empêcher la jonction du général prussien avec l'armée de Wellington et l'Empereur avait une telle confiance dans le succès de cette mission que, même après l'arrivée du premier corps de Bulow, il dit au maréchal Soult : « Nous avions ce matin 90 chances contre une, l'arrivée de Bulow nous en fait perdre 30, mais si Grouchy arrive, la victoire n'en sera que plus décisive, car le corps de Blücher sera entièrement perdu. »

En effet, Bulow, avec ses 30,000 hommes de troupes fraîches, n'empêcha pas l'armée de Wellington d'être frappée au cœur dans une terrible attaque où se distinguèrent encore les braves cuirassiers de Kellermann, dont l'irrésistible élan débusqua l'ennemi du plateau de la Haie-Sainte. Acculé de carré en carré, au milieu d'une affreuse boucherie, Wellington disait en pleurant: « Il faut encore quelques heures pour anéantir ces braves gens. Plût au ciel que la nuit et les Prussiens arrivent auparavant. »

Ses vœux devaient être exaucés en dépit des prodiges de courage et de génie dépensés dans cette fatale journée. Au moment où le général anglais allait donner le signal du départ, Blücher parut en ligne avec ses 40,000 hommes. Ce fut un terrible moment pour notre armée. Epuisée par 8 heures de combat, elle essaya de soutenir la lutte contre la formidable masse de ses ennemis qu faiblit encore un moment devant elle, mais bientôt écrasée sous le nombre, il fallut céder.... On sait le reste.

Maintenant doit-on rejeter sur Grouchy toute la responsabilité de ce grand désastre? C'est du moins dans ce sens que s'est prononcé Napoléon lui-même qui ne pardonna pas à l'inaction du maréchal de l'avoir dépossédé du pouvoir en faisant échouer ses admirables combinaisons stratégiques.

Il est vrai de dire que l'attitude de Grouchy, dans la journée du 18 juin, semble incompatible avec l'intelligence et la bravoure dont il avait fait preuve dans toutes les guerres antérieures.

Comment a-t-il pu laisser l'armée prussienne rejoindre celle de Wellington, sans en avoir le moindre éveil? Comment a-t-il pu s'obstiner devant la position de Wavres, sans même soupçonner que Blücher l'avait quittée? Comment a-t-il pu résister aux instances de ses aides-de-camp qui, au bruit du canon de Waterloo, le conjuraient de porter secours à l'Empereur, aux prises avec l'ennemi? Comment enfin a-t il reçu, quand il n'était plus temps, l'ordre qui lui enjoignait de se rapprocher de l'armée impériale.

Il y a là un concours de circonstances tellement inexplicables qu'on est conduit à voir dans Grouchy un instrument de la volonté qui préside au sort des empires.

La France était épuisée, l'Europe était aux abois et l'heure de l'expiation avait sonné pour le génie qui, depuis 20 ans, présidait aux destinées du monde.

Il manque quelquefois au génie, suivant l'expression de Bossuet, ce je ne sais quoi d'achevé que donne le malheur. Grâce à Waterloo, Napoléon a pu recevoir cette dernière consécration qui lui eût, en effet, manqué devant Dieu et devant la postérité.

D'Alexandrie à Gênes, la vapeur a dû se frayer un passage à travers la chaîne des Apennins contre laquelle elle vient se heurter de front. Aussi, après avoir dépassé Novi où notre brave compatriote Joubert succomba, comme Desaix, en chargeant l'ennemi, la voie ferrée s'engage dans de nombreuses galeries qui ont englouti plus de millions que le tracé du Mont-Cenis. Mais, à mesure qu'on se rapproche de la mer, les pentes s'abaissent insensiblement et de riantes collines, semées de villas, annoncent le voisinage de Gênes.

A bon droit surnommée la *superbe*, à cause du faste de ses palais et du prestige de sa puissance maritime, Gênes n'a de rivale, comme position, que Naples et Constantinople. S'élevant en amphithéâtre au fond d'un golfe arrondi en croissant, elle figure un arc dont le môle serait la corde. Du haut de ses terrasses de marbre, elle promène sur la mer son regard dominateur et contemple avec orgueil les navires de son port qui balancent une forêt de mâts et d'agrès sur leur base mobile.

La nature a comblé de ses faveurs cette ville de marchands que M^me de Staël disait bâtie pour un congrès de rois. Enivrée du parfum de ses orangers, allanguie par la tiède haleine de ses brises marines, dorée par les rayons de son radieux soleil, on ne dirait pas à la voir si belle et si privilégiée qu'elle a été si souvent abreuvée de sang et de ruines.

Après avoir, comme le reste de l'Italie, subi la domination romaine, Gênes devint la proie des barbares pour passer ensuite sous le protectorat de Charlemagne, jusqu'à ce qu'enfin lasse de courber la tête sous le joug de l'étranger, elle réussit à se donner une république de consuls et de podestats.

Mais cette ère de liberté fut, pour elle, le signal de nouvelles calamités. Les intrigues et les rivalités intérieures alimentées par la querelle des Guelfes et des Gibelins attisèrent dans ses murs le feu de la discorde. Les famillles des Doria, des Spinola, des Fieschi et des Grimaldi ensanglantèrent la république pendant plus d'un demi siècle, « et, durant tout ce temps, dit l'historien Foglietta, cet admirable pays devenu inculte et désert, n'offrit qu'un aspect capable d'inspirer la terreur. »

Pour comprimer toutes ces ambitions rivales, la république génoise en fut réduite à aller d'elle-même au devant de la domination étrangère, jusqu'à l'avénement du fameux André Doria qui fut à la fois le libérateur et le législateur de sa patrie. Le régime républicain fut rétabli sur des bases plus durables et Gênes placée sous l'autorité d'un sénat et d'un doge, put enfin goûter quelque paix intérieure.

Le pouvoir des doges a été renversé par la république française, et en 1815 Gênes a été réunie au Piémont.

Il est étonnant qu'avec toutes ses dissensions intérieures, cette ville passionnée ait pu pousser si loin le génie du trafic. Sans cesse en lutte avec les pirates qui infestaient les mers, Gênes livrait de sanglants combats, s'attaquait aux flottes de toutes les puissances rivales, humiliait Venise, anéantissait Pise, établissait ses comptoirs sur toutes les côtes de la Méditerranée et promenait partout son pavillon victorieux.

Mais, qu'on ne s'y trompe pas ! le mercantilisme était le seul mobile de tous ces exploits belliqueux : un ballot d'une main, une épée de l'autre, le Gênois défiait tous les obstacles pour sauver sa marchandise, si bien qu'un jour ce peuple de trafiquants fut embarrassé de son or. Le trésor public regorgeait de richesses, les tissus de soie et d'or avaient remplacé les simples étoffes et Gênes était une vraie mosaïque d'objets précieux, une collection de chefs-d'œuvre artistiques.

Aussi quand Louis XIV fit venir à Versailles le doge de Gênes, on promena le noble étranger au milieu de cette magnificence royale, et, la visite terminée, on lui demanda ce qui l'étonnait le plus dans ce palais de Versailles : « *C'est de m'y voir,* » répondit le doge. La réponse parut singulière et quelque peu énigmatique aux courtisans du grand roi qui ne savaient pas que ce doge avait aussi son palais de Versailles et qu'il venait d'une rue qui en est garnie.

« De quoi vouliez-vous qu'il s'étonnât ? dit Jules Janin. De votre palais de pierres ? il avait un palais de marbre ! De vos colonnes de marbre ? il avait des colonnes de porphyre ! De vos colonnes de porphyre, il avait des murailles de lapis-lazuli ! De votre architecte Mansard ? il avait pour architectes françois Falcone, André, son frère, Charles Fontana qui a fait l'obélisque de Rome et qui a fait de plus beaux escaliers que l'escalier de Versailles.

« Vous aviez des statues de Coysevox ; il avait des statues de Puget. Lebrun était le peintre du roi, le peintre du doge s'appelait Paul Véronèse. Le roi faisait faire son portrait par Mignard, le doge faisait peindre sa femme, son enfant et son chien par Van-Dyck...

« De quoi pouvait-il s'étonner ce bon doge, lui, qui renfermait dans sa maison les marbres précieux de l'Italie, les richesses du Japon et de la Chine, les parfums de l'Orient, les glaces de Venise, lui qui, jeune enfant, avait posé devant Rubens ? »

Depuis la découverte du cap de Bonne-Espérance, Gênes a perdu, ainsi que Venise, le monopole du commerce universel; mais, par position comme par tempérament, elle ne peut abdiquer son activité commerciale et son port, encombré de navires, de chantiers et d'entrepôts occupe encore toute une légion de mariniers. Les rues adjacentes sont aussi très-animées et la population qui s'y presse emprunte à toutes les nations du globe ses curieux éléments. Les Génoises complètent cette physionomie pittoresque avec leurs voiles de mousseline rejetés sur les épaules comme des voiles de fiancées de façon à faire ressortir toute la beauté de leurs chevelures d'ébène, tout l'éclat de leurs grands yeux noirs frangés de longs cils.

Le mouvement de Gênes est limité aux quartiers inférieurs; si, de là, nous montons dans ces rues étroites et déclives dont la dalle résonne sous nos pas, c'est pour nous engager dans l'enceinte des palais et dans la région du silence. Là, toutes les habitations sont en marbre et, chacune d'elles, est un musée d'arts, un écrin de joyaux.

Le *palais ducal*, ancienne résidence des doges a été restauré au XVIII<sup>e</sup> siècle, après un incendie qui l'avait en partie détruit. Le vestibule est soutenu par un double rang de colonnes corinthiennes surmontées d'élégants chapiteaux à feuilles d'acanthe imbriquées; la salle du grand conseil à laquelle on arrive par un vaste escalier repose sur des colonnes de marbre antique d'un prix fabuleux. Tout autour de la salle une rangée de belles statues représente les grands hommes de la république, ses législateurs, ses poètes, ses artistes et ses guerriers.

Nous nous disposions à passer en revue les personnages de cette intéressante galerie, quand, à notre grande surprise, nous les vîmes frissonner et s'agiter convulsivement dans leurs niches. Croyant la terre ébranlée dans ses fondements, nous songions prudemment à détaler lorsque le guide qui nous accompagnait nous donna la clef de cette mystification en nous expliquant que toutes ces statues n'ont plus aujourd'hui qu'une valeur d'illusion, parce que, dans un de ces jours de colère aveugle, où le peuple croit venger des siècles d'oppression, il avait tout brisé et comme les caisses du trésor étaient vides, on s'était borné à simuler, fort habilement du reste, avec du plâtre et de la toile, les figures et les draperies des sujets primitifs, de telle façon que notre facétieux cicérone s'étant sournoisement glissé vers une des fenêtres de la salle et l'ayant brusquement ouverte, l'air, en soulevant toutes ces draperies flottantes, avait occasionné cette danse de St-Guy dont la cause nous avait d'abord paru si problématique.

Au sortir du palais ducal, nous visitâmes successivement le *palais Royal*, acheté en 1815 par la famille de Savoie et décoré de peintures de Paul Véronèse, Van-Dyck, du Titien, Alb. Dürer, Holbein, Rubens, Rembrandt, etc.; le *palais Durazzo* qui se recommande par sa monumentale architecture; le *palais Doria* dont les plafonds sont ornés de fresques d'une grande valeur; le *palais Brignole*, un des plus riches en tableaux qu'il y ait à Gênes, le *palais Balbi*, remarquable par ses beaux portiques, sa charmante nymphée et ses grands orangers, etc.

Les églises abondent à Gênes comme les palais avec lesquels elles rivalisent de richesse et d'élégance.

Ainsi la cathédrale *St-Laurent* est, à l'intérieur comme à l'extérieur, toute revêtue de marbre blanc et noir par bandes alternes et superposées. L'*Annonciade*, une des plus riches églises de Gênes, est surchargée de marbres, de dorures, de fresques et de peintures avec une profusion vraiment regrettable. L'église *St-Syr*, la plus ancienne et la plus riche en marbre, existait déjà au III⁰ siècle, sous le nom de basilique des douze Apôtres. L'église *St-Ambroise* contient plusieurs tableaux des grands maîtres, une *Assomption* du Guide, une *Circoncision* de Rubens, etc.

Si Gênes séduit par ses merveilles artistiques, elle charme encore davantage par les eaux bleues de son joli golfe. Il y a dans les mystérieuses profondeurs de la mer une telle puissance de fascination qu'on ne peut en détacher ses regards. Tantôt nous descendions au rivage pour voir les vagues se briser au pied du môle, en lançant leurs gerbes d'écume, tantôt nous montions sur la colline pour voir l'azur du ciel et le bleu de la mer se confondre à l'horizon, au point de faire douter si les voiles lointaines reposent sur l'eau ou nagent dans le firmament.

De Gênes la vapeur nous emporta à travers les riches cultures du Piémont. Nous jetâmes en passant un douloureux regard sur les champs de Novarre où la défection a si mal payé les généreux efforts de Charles-Albert et où l'Autriche a étouffé le dernier cri de l'indépendance italienne. Traversant ensuite le Tessin qui sert de ligne séparative entre le Piémont et les Etats Lombards-Vénitiens, nous arrivâmes à la capitale de ce dernier royaume.

L'importance de Milan rend plus sensibles les effets de cette abdication nationale qui pèse sur la Lombardie. Les allures de sa population forment un singulier contraste avec l'attitude de sa garnison et indiquent à première vue deux éléments disparates, deux types différentiels qui ne peuvent avoir entr'eux que des rapports de dépendance.

Il semble que la position fortunée de Milan l'ait prédestinée au malheur; car, cette riche province du Milanais, sans cesse en but aux convoitises étrangères, a subi tous les fléaux de la guerre. Sa capitale compte, dans ses tristes annales, 42 siéges, 24 prises d'assaut et une destruction de fond en comble.

Successivement à la merci des Huns, des Hérules, des Goths et des Lombards, Milan respira un moment sous les empereurs de la Germanie. Elle profita même des troubles de l'Allemagne et de la faiblesse de ses souverains pour secouer le joug de leur autorité et quand la fameuse querelle du sacerdoce et de l'empire vint mettre l'Italie en feu, Milan se crut assez puissante pourarborer ouvertement l'étendard de la révolte. Mais, à ce moment, le terrible Barberousse fond sur la Lombardie, l'épée à la main, pour réclamer les droits que lui garantissait la couronne de fer et il venge sur Milan la sédition des Lombards; la ville fut rasée et la charrue sillonna ses décombres.

Mais Milan renaît de ses cendres et se relève plus brillante avec les Visconti qui obtiennent de l'empereur Venceslas la dignité ducale, étendent les possessions de leur duché, favorisent les arts et les sciences et marquent leur passage par une ère de splendeur.

Aux Visconti succèdent les Sforza, ces soldats parvenus, ces condottieri audacieux, qui, sans autre fortune que leur épée, sans autre noblesse que leurs exploits, sans autres titres que leur ambition, imposent aux Milanais leur domination souvent cruelle, parfois libérale, toujours belliqueuse. Ils eurent, du reste, à lutter contre de rudes compétiteurs, les rois de France Louis XII et François Ier, qui, les armes à la main, revendiquaient le Milanais, du chef de Valentine de Milan, leur aïeule.

Le dernier des Sforza laissa son duché aux mains de Charles-Quint qui le transmit à son fils Philippe II, et l'Espagne a conservé cette possession jusqu'aux traités de Bade et d'Aix-la-Chapelle qui l'ont fait passer dans la maison d'Autriche.

En 1796, Milan fut occupé par Masséna et, en 1805, Napoléon vint solennellement ceindre la couronne de fer, ce vieux symbole de la sujétion italienne. Depuis 1815, le Milanais est retourné à l'Autriche.

Si, comme son histoire en témoigne, Milan est fatalement condamnée à se débattre sous une pression étrangère, n'est-ce pas une punition de l'ombrageuse jalousie qui, en l'isolant dans son orgueil, a frappé d'impuissance tous ses rêves de liberté.

Milan a trop souvent changé de maîtres, pour que ces occupations successives n'aient pas déteint sur sa physionomie extérieure qui est tout à la fois française, espagnole et italienne. Ses palais ont un aspect monumental, mais triste, car ils sont pour la plupart inhabités. Ses rues, sont irrégulières, mais d'une rigoureuse propreté, et les voitures roulent sur de larges bandes dallées, espèces de rails de granit enchassés dans le pavé qui ajoutent un précieux élément au comfort de la circulation.

La merveille de Milan, c'est sa cathédrale toute en marbre blanc du faîte à la base. Elle date des Visconti qui en firent jeter les premiers fondements en 1386 ; elle fut continuée par les Sforza, et Napoléon consacra deux millions à la reprise des travaux qui touchent aujourd'hui à leur entier achèvement.

C'est un immense édifice ogival hérissé de blancs minarets qui supportent des milliers de statues. De cette forêt de clochetons, jaillit une flèche centrale qui s'élance à une hauteur pyramidale, et, debout sur sa pointe évidée, une vierge dorée semble monter au ciel.

La façade est percée de cinq portes et huit fenêtres encadrées par une immense broderie de marbre dont la bordure toute découpée à jour ressemble à une dentelle d'albâtre. Les flèches fuselées qui couronnent l'édifice allongent leurs aiguilles de neige dans un ciel bleu comme un saphir. — C'est féerique.

Malheureusement le grand défaut de l'architecture italienne, c'est d'entasser les ornements avec plus de profusion que de discernement. A quoi bon, par exemple, ces trois ou quatre mille statues (tout autant) perchées sur les pinacles. Les sculpteurs eussent été bien simples de faire de l'art dans les nuages pour les oiseaux du ciel qui ne s'en soucient guère. La décoration de la façade manque aussi de sobriété, outre qu'elle présente un mélange de styles romain et gothique d'un goût fort équivoque et qu'elle va se terminer en pointe, exactement comme un pignon de grange.

Le vaisseau intérieur, en forme de croix latine, est beaucoup plus sévère et, par suite, plus majestueux. Il est supporté par 52 colonnes ayant 21 mètres de hauteur sur 6 mètres d'envergure; la longueur de la nef centrale est de 113 mètres. Il n'y a là ni surcharge ni empâtement de luxe, mais de grandes et belles lignes qui montent jusqu'à la voûte avec un jet plein d'élan et de foi. De riches vitraux projettent une lueur mystérieuse sur des mausolées en marbre noir et sur la chapelle sépulcrale de Saint-Charles Borromée, creusée dans une crypte souterraine.

Du sommet du dôme on jouit d'une des plus belles mises en scène que la nature puisse offrir à l'homme. La ville est groupée dans un cercle presque géométrique dont la cathédrale occupe le point central, et au-delà le regard se perd dans une immense plaine noyée dans la verdure. Au levant, l'horizon est fermé par les premiers gradins de la chaîne du Tyrol, au midi, par la lisière bleuâtre des Apennins, et, du nord au couchant, par la grande chaîne des Alpes qui, du St-Gothard au mont Viso, décrit, sur une longueur de 200 lieues, un arc concentrique d'un incomparable effet. Sous ce ciel d'Italie où l'atmosphère est limpide comme l'éther, cette splendide guirlande de glaciers inondée de lumière trace une ligne phosphorescente irisée de mille teintes. Tous ces dômes de neige sont si brillants et si transparents qu'on les dirait vitrifiés par le soleil. Directement en face de nous, le Mont-Rose dessinait si nettement ses formes massives qu'avec une *longue vue* on aurait pu distinguer un chamois sur sa croupe immaculée. — On redescend ébloui d'un pareil spectacle.

Milan a deux musées : celui de la *bibliothèque Ambroisienne* et celui du *palais Brera*. Tous les deux comptent peu de tableaux de Léonard de Vinci, ce génie universel qui a cependant beaucoup vécu à Milan où il était accueilli par les Sforza comme Pétrarque l'avait été par les Visconti.

Le musée Ambroisien posséde quelques bonnes toiles d'Andréa del Sarto, du Guerchin, de Salvator Rosa, de Bassano et du Pérugin, ce rêveur aérien, dont on a dit que les doigts remuaient à peine assez de matière pour incarner l'idée. Mais le chef-d'œuvre de cette galerie, c'est une simple esquisse au crayon; seulement cette esquisse est de la main de Raphaël. Elle représente l'*Ecole d'Athènes* dont la fresque originale est au Vatican.

Nous ne parlerons que pour mémoire de la bibliothèque Ambroisienne, riche de 30,000 volumes. On a prétendu que les bibliothèques étaient de vastes cimetières où dormaient en paix tous les livres morts. — Ne troublons pas leur sommeil.

Le musée Brera possède aussi un original de Raphaël : c'est le *Mariage de la Vierge* qu'il peignit à 21 ans et qui révèle déjà cette perfection de contours, cette délicatesse de tons, cette finesse de pinceau jusqu'alors inconnues. Viennent ensuite des toiles de Luini, de Paul Véronèse, des trois Carraches, du Dominiquin, du Guide et du Guerchin.

Malgré cela, les deux musées de Milan passent pour être assez pauvres comparativement à ceux des autres villes importantes de l'Italie.

Il est vrai que Milan possède un de ces trésors artistiques qui valent toute une galerie de tableaux ; c'est la fameuse *Cène* en fresque de Léonard de Vinci, qui est peut-être le chef-d'œuvre de la peinture moderne. On rapporte que François Ier voulait l'emporter comme le plus beau trophée de sa victoire de Marignan, mais qu'on ne sut comment la détacher du mur.

Cette précieuse composition est au couvent de dominicains *Santa Maria delle Grazie* où elle décore un pan de mur du réfectoire. On en retrouve des copies dans tous les musées ; quelques-unes ont assez fidèlement reproduit l'harmonie d'ensemble de ce groupe admirable, mais le caractère des physionomies et surtout l'expression idéale et céleste de la figure du Christ sont restés inimitables.

Aussi est-il triste d'ajouter que l'art aura bientôt à

pleurer la perte de ce monument. Le mur salpêtré par l'humidité a écaillé et rongé la peinture et de nombreuses petites plaques blanches indiquent déjà les progrès de ce fléau destructeur. En outre, lors des guerres d'Italie de la fin du siècle dernier, le couvent Santa Maria ayant été converti en caserne de cavalerie, la fresque de Léonard a eu beaucoup à souffrir du séjour des dragons, malgré toutes les recommandations de Napoléon à ce sujet.

Il nous reste à dire quelques mots du théâtre de la *Scalla*, le plus grand d'Europe, y compris celui de *St-Charles* à Naples.

Le portique extérieur à fronton triangulaire n'a rien de bien remarquable, mais les proportions de la salle sont vraiment imposantes. Elle a la forme d'une ellipse et peut contenir 5,000 spectateurs. Le plafond est peint en fresque et six rangs de loges superposées se découpent en arabesques sur un fond blanc et or. En regard de la scène, la loge du gouverneur, surmontée des armoiries ducales, est toute tendue de velours cramoisi à crépines d'or. Les décors de la scène répondent à ceux de la salle et les Milanais font de grands sacrifices pour avoir toujours d'excellents chanteurs.

Avec de tels éléments on regrette de voir ce beau théâtre faillir à sa mission ; car, au lieu d'interpréter les grands chefs-d'œuvre de l'art musical, tels que *Don Juan* et *Guillaume Tell*, les artistes de la Scalla s'en tiennent aux opéras de second ordre et le public n'y attache pas d'importance pourvu qu'on ne lui supprime pas ces interminables ballets qui font ses délices.

Depuis Milan jusqu'à l'Adriatique on a constamment

sous les yeux de ravissants paysages que la vapeur traverse en aveugle, courant à perdre haleine et laissant à peine le temps de saisir au vol quelques aperçus de ces merveilles de la nature.

Nous saluâmes avec respect la patrie de Donizetti, Bergame, jolie petite ville en amphithéâtre, dont les habitants professent un goût passionné pour la musique; Vérone, la patrie de Paul Galiari, dit Paul Véronèse et le séjour des Montégut et des Capulet qu'a immortalisés Shakespeare dans sa touchante tragédie de *Roméo et Juliette*; Vicence, ville fort ancienne, qui se donne des airs de jeunesse au milieu de ses riches cultures et de ses délicieux ombrages; Padoue, la patrie de Tite-Live et le siége de la fameuse université où étudièrent Pétrarque, Galilée et Christophe Colomb; puis enfin, la ville phénoménale, Venise.

A ce nom prestigieux se rattachent mille souvenirs fantastiques. Marquée d'une mystérieuse empreinte qui en a fait un type unique dans le monde, cette grande figure se dresse dans l'histoire, comme une fiction romanesque, tant son passé est étrange. En la voyant aujourd'hui si rêveuse et si triste, on se reporte aux jours de triomphe, où la bannière de Saint-Marc flottait sur le dôme de Ste-Sophie et où Venise dictait ses lois sur les ruines d'un empire.

Sa fortune causa sa perte. Ivre de cette puissance qui mettait l'Orient à ses pieds et qui lui attirait les hommages de l'occident, elle chancela sous le poids de ses succès et ternit l'éclat de son nom par la cruauté et la débauche. Son despotisme épouvanta le monde, la volupté flétrit ses attraits comme ceux d'une odalisque et, de chûte en chûte, après s'être illustrée par les armes, elle se fit une nouvelle célébrité par son carnaval.

C'est alors qu'énervée par les excès, son sceptre de fer a glissé de ses mains tachées de sang, sa puissance s'est évanouie et, de reine, elle est devenue esclave.

Maintenant l'infortunée se consume dans l'impuissance d'une ardeur éteinte. Courbée sous le joug de l'oppression, elle ressent toutes les amertumes de la déchéance, toutes les angoisses de l'expiation. Il semble que la justice de Dieu pèse sur sa destinée et qu'elle porte la peine de ses frivoles amusements comme de ses sanglants mélodrames. Ses lagunes sont muettes, ses palais sont déserts, sa population s'en va mourante.

Et pourtant, cette mélancolique cité a conservé le privilége de séduire et d'émouvoir. « Il y a, dit Châteaubriand, un charme au fond des douleurs, comme une douleur au fond des plaisirs. » Aussi Venise emprunte-t-elle un nouvel intérêt au sentiment de ses malheurs.

Du reste le temps qui l'a dépouillée de sa gloire semble respecter sa beauté ; une auréole de poésie rayonne sur son front et elle étale encore avec un légitime orgueil les joyaux dont elle aimait tant à se parer aux jours de sa prospérité.

Quand nous débouchâmes en regard de Venise, le soleil penchait à l'horizon et lui envoyait son plus beau sourire. Ses dômes, inondés de lumière, reluisaient comme des casques d'argent et ses lagunes miroitaient comme une ceinture de diamants.

Après avoir dépassé le fort *Malghera* d'où Venise eut à essuyer la grêle des boulets autrichiens, lors de sa dernière velléité d'indépendance, le chemin de fer s'engage sur un pont gigantesque de 4,000 mètres et de 222 arches qui relie Venise au continent, et, d'une île fait une presqu'île. Au milieu d'un silence qu'elle profane, la vapeur pousse son cri strident et sauvage qui détonne comme une fausse note dans un concert, et le convoi s'arrête.

La station du chemin de fer est à l'entrée du grand canal qui serpente à travers la ville. D'autres petits canaux partagent Venise en une quantité d'îlots reliés entr'eux par plus de 300 ponts dont le plus remarquable est celui du *Rialto* qui, d'une seule enjambée, passe d'une rive à l'autre du canal central.

Une fois engagés sur cette grande voie de navigation intérieure qui est en quelque façon le *Corso* de Venise, nous examinâmes tout à notre aise les gondoles vénitiennes, ces élégantes imitations du caïque grec. Ce qui frappe tout d'abord, c'est que ces légères embarcations sont invariablement noires, comme si elles portaient le deuil de leur splendeur passée. D'une coupe amincie et allongée, la poupe repliée en queue de licorne, la proue recourbée en cou de cygne, elles glissent avec la rapidité de la flèche, passent et repassent en rasant l'eau comme des hirondelles, sans autre bruit que le cri des gondoliers qui se hélent, à l'angle des rues, pour prévenir une rencontre.

Les eaux dormantes du grand canal déroulent leur large ruban vert entre deux rangées de palais dentelés de statues et de pyramidions. Ces riches demeures qu'habite le silence, appartiennent à toutes les époques du moyen-âge et de la renaissance, à tous les styles et à toutes les fantaisies, depuis la massive architecture des Lombards du VII⁰ siècle jusqu'au rococo flamboyant du XVIII⁰.

Au lieu de cette ruche bruyante des grandes villes où piétons et voitures se heurtent et s'éclaboussent, on ne rencontre que des gondoles muettes qui se croisent en effleurant l'eau de leurs longues nageoires, on n'entend que le refrain de quelque barcarolle retentissant sous les arceaux gothiques, comme un dernier écho des chants d'amour qui ont si longtemps bercé la voluptueuse cité.

Il y a là une première impression qui se grave dans le souvenir. C'est bien la physionomie sous laquelle on avait rêvé Venise, à la fois belle et triste, de cette beauté sévère qui commande l'admiration, de cette tristesse communicative qu'on respire avec l'air.

Logés au palais *Grassi* aujourd'hui converti en hôtel, le soir, nous montâmes à un balcon donnant sur le grand canal pour y goûter les charmes de la rêverie.

La nuit était close, les palais découpaient en festons noirs leurs larges frontons sur le ciel d'un bleu de smalt; quelques gondoles glissaient mystérieusement dans l'ombre et la ville aurait été muette comme une nécropole sans les chants populaires qui retentissent sans cesse dans le silence de ses nuits enchantées.

L'Italie est musicienne par instinct, Venise l'est par besoin. La sérénité de son ciel, la tranquillité de ses lagunes, l'absence de mouvement et de bruit qui la différencie des autres cités prédispose à cette émotion de l'âme, à ce recueillement des sens qui se traduisent par des phrases musicales.

A la vérité Veniso n'est plus, comme autrefois, sous le charme des sérénades qui l'enivraient de mélodies, mais ses insouciants gondoliers sont encore des *dilettanti* passionnés dont elle aime à écouter les mâles accents et il reste à cette cité déchue les accords de sa lyre populaire pour adoucir l'amertume de ses regrets.

D'ailleurs quel riche écrin n'a-t-elle pas à étaler aux yeux de l'étranger?

C'est d'abord à l'extrémité de la place St-Marc cette basilique qu'elle s'est plue à parer avec tant de prodigalité. Chaque siècle, chaque conquête lui ont fourni leur apport; c'est une profusion de marbres, de bas-reliefs, de mosaïques, de sculptures et d'or devant laquelle on reste confondu. Le pavé qu'on foule est de jaspe et de porphyre; les voûtes reposent sur 500 colonnes de marbre oriental, vert antique, albâtre, bronze et serpentine.

Cette merveille du culte a été commencée vers la fin du $x^e$ siècle. C'est un mélange bizarre de styles combinés parmi lesquels domine l'architecture bysantine. Pleins cintres, ogives, trèfles, fleurons et colonettes s'étagent pêle-mêle sur la façade qui est couronnée par cinq dômes surmontés de croix grecques. L'église a cinq entrées de front, avec des bas-reliefs, des mosaïques extérieures et des colonnes de marbre supportant les retombées des cintres. Au-dessus de cette rangée de porches s'élève une galerie où l'on remarque les fameux chevaux de bronze attribués à Lysipe. Apportés de Constantinople à Venise, en 1205, ils ont orné un moment l'arc de triomphe du Carrousel à Paris. Dans le principe on a dû les atteler à quelque quadrige de victoire et probablement ils ne s'attendaient guère à venir un jour caracoler sur la porte d'une église.

Au-dessus de la frise est superposé un second ordre de voûtes cintrées, ornées comme les premières de mosaïques et soutenues par de riches colonnes.

L'atrium ou vestibule de la basilique est à lui seul une église. Parmi les dessins compliqués du pavage, on voit une grande dalle de marbre rouge sur laquelle le farouche Frédéric Barberousse s'agenouilla devant le pape Alexandre III. Ce fier conquérant avait jeté la terreur dans l'Italie et s'était attiré toutes les foudres de l'Eglise, lorsque sa flotte fut battue par celle de Venise. Cette défaite fut le prélude d'une série de revers qui assouplirent l'orgueilleux souverain et le déterminèrent à une humble soumission vis-à-vis du Pape qu'il avait d'abord refusé de reconnaître. Pour perpétuer le souvenir de la victoire navale qui avait préparé cette solution pacifique, le pape Alexandre fit hommage à Venise d'un superbe anneau, comme symbole de sa suzeraineté sur l'Adriatique.

De là le singulier usage de faire épouser, chaque année, la mer au doge. Monté sur le *Bucentaure*, espèce de galère brodée d'or, de sculptures et de cariatides, le premier magistrat de la sérénissime république lançait, du haut d'une riche estrade, un anneau dans la mer, afin d'apprendre au monde que la mer est soumise au doge comme l'épouse à son mari. Cette prétentieuse cérémonie rappelle un peu l'histoire de ce monarque persan qui faisait enchaîner les flots de l'Hellespont, comme des esclaves rebelles à sa domination.

L'intérieur de St-Marc offre une telle profusion d'arabesques, de ciselures, de bas-reliefs et de statues que Th. Gautier lui-même renonce à exprimer : « l'éblouissement et le vertige que cause ce monde d'anges, d'apôtres, d'évangélistes, de prophètes, de saints, de docteurs, de figures de toute espèce qui peuple les coupoles, les voûtes, les tympans, les arcs doubleaux, les piliers, les pendentifs, le moindre pan de muraille. »

Les mosaïques ont été exécutées sur des dessins des plus grands peintres de l'école vénitienne ; les sculptures sont de Pierre Lombard, Campanato, Sansovino et autres artistes célèbres.

Le maître-autel est surtout remarquable par les colonnes de son baldaquin, ouvrage bysantin du xi$^e$ siècle orné de bas-reliefs en ivoire. Sur le rétable de l'autel se trouve un tableau qu'on expose aux regards dans les jours de grande solennité ; il est peint en émail sur lames d'argent et d'or, avec ciselures, guillochis, perles, camées et autres pierres précieuses. Les bénitiers sont en porphyre, la vasque des fonts baptismaux est en marbre précieux et chaque objet de détail a une valeur souvent inappréciable.

Il ne faudrait pas croire néanmoins que toutes ces merveilles sont irréprochables au point de vue du goût.

Le monument de St-Marc, ainsi que nous l'avons dit, n'a pas de caractère déterminé comme style. C'est aussi bien un temple musulman qu'une église chrétienne. Il est bas, obscur et ses nefs étroites sont écrasées sous de lourdes voûtes soutenues par des piliers massifs et trapus. Son ornementation forme un amalgame hétérogène sans choix et sans discernement. Les dessins des mosaïques, souvent grotesques, sont loin d'avoir la valeur artistique de la peinture. Le président de Brosses, dans ses lettres sur l'Italie, va jusqu'à dire : « Au coloris près, on ne peut rien voir de si pitoyable que ces mosaïques. » Le principal mérite de ces patients travaux consiste dans la richesse des matériaux employés à leur exécution, car tous ces dessins fantasques et bizarres ont été obtenus par l'assemblage combiné de petits cubes de jaspe, d'agathe, d'émail et autres fragments précieux.

A côté de l'église St-Marc s'élève une curiosité archéologique d'un caractère tout différent; c'est le palais des doges dont une façade est tournée vers le môle et l'autre vers la *Piazzetta*, petite place qui relie celle de St-Marc au canal de même nom.

Cet emblème de la constitution vénitienne se recommande par sa curieuse architecture, par son admirable position et par les grandes scènes dont il a été le théâtre. Commencé au ix⁰ siècle, il fut presque entièrement reconstruit au xiv⁰ par l'architecte Calendario qu'on pendit ensuite comme conspirateur sous le dogat de Marino Faliero décapité pour la même cause.

Au milieu des styles qui s'y confondent domine l'arabe. Il a 17 arcades sur le quai et 18 sur la Piazzetta; les chapitaux des colonnes qui les supportent sont d'un goût exquis et forment des guirlandes de feuillages, de chimères, de figures emblématiques, de sujets historiques ou bibliques. D'élégantes colonnettes torses supportent les angles de l'édifice qui est couronné par un attique de marbre blanc ouvragé comme une dentelle. De longues galeries courent sur tout le périmètre extérieur. Les fenêtres sont encadrées par des décorations pyramidales ainsi que la porte principale de *la Carta* qui conduit par un passage voûté dans la grande cour intérieure dont les façades sont toutes fleuronnées de volutes, toutes plaquées de colonnettes, avec reproduction d'arcades, de galeries et de statues.

La physionomie de ce préau solitaire saisit d'une émotion qui va toujours croissant à mesure qu'on s'engage dans les arcanes de cette mystérieuse demeure du passé.

L'escalier d'*Or* et l'escalier des *Géants*, superbes chefs d'œuvres de Sansovino, conduisent aux appartements de ce vaste édifice qui servait à la fois de palais, de sénat, de tribunal et de prison.

Près de l'escalier des Géants, une inscription latine entourée d'un cadre de figurines rappelle le passage d'Henri III à Venise, alors qu'il quittait le royaume de Pologne pour venir recueillir la succession du royaume de France.

Pénétrons maintenant dans l'intérieur du palais où nous verrons d'abord la salle de ce redoutable Conseil des Dix qui était revêtu d'un pouvoir dictatorial avec le droit de poursuivre et de punir les délits commis par la noblesse, au moyen d'une procédure inquisitoriale et secrète. Soustraits à toute responsabilité, disposant des finances et des forces militaires de la république, comme aussi de la vie des citoyens, ces puissants décemvirs jetèrent, à partir du xiv° siècle, les bases d'un despotisme absolu qui ne laissa plus un instant de sécurité aux familles patriciennes soumises à l'odieux arbitraire d'un système de délation et d'espionnage.

A l'entrée du prétoire où les inquisiteurs jugeaient sans appel, une ouverture pratiquée dans la cloison indique la place qu'occupait la célèbre *gueule de lion* dans laquelle les délateurs jetaient l'arrêt de mort de leurs victimes. « Dépouillée de ces terreurs, dit un voyageur, M. Simond, cette ouverture a tout simplement l'air d'une des boîtes aux lettres pour la petite poste de Paris. »

Après la salle du Conseil des dix qui est ornée de fresques dues au pinceau de Paul Véronèse, on arrive à la salle du *grand Conseil* ou Sénat qui exerçait conjointement avec le doge l'autorité souveraine et statuait seul sur toutes les questions excédant les prérogatives du chef de l'Etat.

Cette salle, une des plus vastes qu'on puisse imaginer, a 50 mètres de longueur, 25 de largeur et 15 de hauteur. Le plafond tout doré, ornementé, à grands compartiments carrés, octogones, ovales, avec des volutes et des rocailles, est d'un effet éblouissant. Il est surchargé, ainsi que les murailles, de tableaux des grands maîtres représentant les fastes de Venise, sous des formes historiques ou allégoriques. Une seule toile du Tintoret, la *Gloire du paradis*, a 10 mètres de haut sur 25 de long et contient plus de 3,000 figures. Le grand artiste y a travaillé 18 ans

Au milieu de ces peintures se déroule la longue galerie de tous les portraits des doges de Venise, depuis Pierre-Luc Anafeste, le premier investi de cette dignité suprême, jusqu'à l'infortuné Manin qui ne put, sans s'évanouir, prêter serment d'abdication entre les mains du conquérant de l'Italie. Un seul portrait manque à la série, c'est celui du doge Faliéro décapité dans la cour du palais, le 16 avril 1355, pour avoir conspiré contre la république. La place qu'il devait occuper est tendue de noir, avec cette inscription : *locus Marini Falierii decapitati pro criminibus.*

Les autres salles renferment de précieuses collections artistiques ainsi que les appartements du doge où se trouve notamment *Un enlèvement de Ganymède* qu'on attribue au ciseau de Phidias. Napoléon l'avait fait transporter à Paris, mais, en 1815, il fut rétabli à sa première place.

Le palais ducal, avons-nous dit, servait à la fois de tribunal et de prison ; au sortir du tribunal voyons les prisons, ce ne sera pas la moins saisissante de nos explorations. Ces lieux de détention étaient prodigués avec un luxe qu'explique facilement le système de terreur et de compression qui décimait les citoyens de la soit-disant république.

Il y avait d'abord, comme prison générale, un vaste bâtiment relié au palais ducal par un pont couvert, bien connu sous le nom de *Pont des soupirs*, par allusion aux gémissements des malheureux qu'on traînait du cachot au tribunal et du tribunal au cachot. Qui dira toutes les angoisses dont ce lugubre passage est resté le confident discret?

Mais ce n'est pas tout. Dans le palais même, des lieux de supplice étaient plus particulièrement réservés aux condamnés politiques.

Ainsi la prison dite *des plombs* parce qu'elle se trouve immédiatement sous les feuilles de plomb de la toiture, ne permettait pas aux prisonniers de s'y tenir debout. Privés d'air et de lumière, exposés pendant l'été au rayonnement immédiat d'un soleil de feu, les malheureux se consumaient dans les tortures d'une lente agonie.

La prison *des puits*, creusée dans les entrailles du sol, est plus horrible encore. On descend une spirale sombre, à la lueur d'une torche vacillante qui permet au regard d'interroger avec anxiété ces lieux sinistres. Sous ces voûtes, éternellement fermées à la lumière, suinte une humidité qui pénètre les membres et glace le cœur. Chaque pallier de repos est gardé par des portes de fer massif qui, en roulant sur leurs énormes charnières, donnent accès à des passages souterrains où l'on s'engage avec répugnance pour descendre encore et s'ensevelir tout vivant dans cette nuit sépulcrale. C'est le *descensus Averni!* on entrait là pour n'en plus ressortir et les inquisiteurs auraient pu faire graver sur ces portes maudites les formidables paroles de l'*Inferno* du Dante:

*Voi ch'intrate, lasciate ogni speranza.*
Vous qui entrez, laissez l'espérance.

Et qui peuplait ces cachots? Souvent de jeunes et nobles victimes qu'on arrachait brusquement à toutes les affections de la vie, pour les plonger dans ces tombes anticipées, trop heureuses quand le bourreau venait

6

mettre un terme aux hallucinations de leur esprit égaré par le désespoir.

Mais détournons nos regards de ce douloureux martyrologe pour les reporter sur ces nombreux musées dans lesquels Venise cherchait une distraction à ses préoccupations politiques.

Son Académie des Beaux-Arts est une création de ce siècle. C'est un asile ouvert par quelques pieux amis des arts aux œuvres que menaçaient de détruire la dégradation des églises et la ruine des palais. Une salle a été spécialement réservée aux anciennes peintures, qui ont précédé la véritable école vénitienne dont on peut rapporter l'origine à *Giovani Bellini,* peintre châtié et grand coloriste qui, le premier, dans le xv⁰ siècle, eut de nombreux élèves auxquels il communiqua sa méthode.

Parmi les peintres illustres de cette école, Titien, le coloriste par excellence, a retracé le commencement et la fin de l'histoire de la Vierge dans deux magnifiques tableaux : la *Présentation au Temple* et l'*Assomption.*

Dans le premier on voit l'escalier et le vestibule du Temple, les maisons voisines, des rues en perspective, des montagnes dans le fond, en avant une foule de personnages, puis une petite fille, Marie, qui monte seule les degrés du Temple et qui absorbe toute l'attention par la belle ordonnance du tableau.

Quant à l'*Assomption,* si connue par la gravure, elle est d'une richesse de couleur et d'un bonheur d'exécution qui lui ont assigné le premier rang dans les productions de l'art.

En face de ce dernier tableau qui occupe un des panneaux d'honneur de la grande galerie centrale, on a placé le *Miracle de St-Marc*, par Tintoret, cet autre artiste célèbre dont quelques compositions accusent trop de précipitation, mais dont plusieurs révèlent une grande supériorité, notamment le *Miracle de St-Marc* regardé comme une œuvre capitale. Il représente la délivrance d'un esclave condamné au supplice, par l'intervention miraculeuse du patron de Venise. C'est une vaste scène en plein air qui réunit une foule de personnages. Au milieu de cette assemblée, apparaît saint Marc qui rompt les liens de l'esclave couché nu par terre. « En voyant cette foule remuée par l'étonnement et l'effroi, dit M. Viardot, dans son excellent Guide des musées d'Italie, on comprend la vérité de cette espèce de proverbe admis par les artistes, que c'est chez Tintoret qu'il faut étudier le mouvement. D'ailleurs, la liberté magistrale du pinceau, le jeu savant des lumières, l'harmonie et la finesse des tons, la vigueur inouïe du clair obscur, toute la magie du coloris porté à sa dernière puissance, font de ce tableau une œuvre éblouissante, enchanteresse, prodigieuse qu'on devrait appeler non plus le *Miracle de St-Marc* mais le *miracle du Tintoret.* »

Paul Véronèse est encore une des gloires de l'école vénitienne. Il est dignement représenté à l'Académie des Beaux-Arts par son tableau du *Seigneur soupant chez Lévi*, comme il l'est au Louvre par *les noces de Cana* et par *la cène de Jésus chez Simon.*

Après ces grands noms viennent ceux de Giorgion, de Pâris Bordone, des deux Palma, de Bonifazio, de Morone, des deux Bassano, du Vicentino et une foule d'autres, tous représentés par des chefs-d'œuvre qui lassent l'admiration sans l'épuiser.

Au sortir du palais des Beaux-Arts, on est loin d'avoir tari la source de ses jouissances artistiques. Chacune des nombreuses églises éparpillées dans les îlots de Venise, chacun des palais que baignent ses canaux sans berge témoignent des tendances libérales de cette puissante oligarchie.

Ainsi l'église *san Giovani san Paolo* est un véritable musée. Outre une quantité de mausolées splendides qui prouvent que les races patriciennes luttaient de faste dans la mort comme dans la vie, on y voit une quantité de toiles des grands maîtres, notamment le magnifique tableau du *Meurtre de St-Pierre* dans lequel Titien a représenté la mort d'un moine dominicain nommé Pierre de Vérone qui fut assassiné dans un bois en revenant d'un concile avec un autre moine. « Jamais, dit Vasari, dans toute sa vie, Titien n'a produit un morceau plus achevé et mieux entendu. »

Parmi les autres églises nous citerons celle de *Saint-Sébastien*, tapissée des peintures de Paul Véronèse qui y est enterré au milieu de ses chefs-d'œuvre; *Ste-Marie des frères*, église gothique qui renferme le mausolée du Titien et un monument à la mémoire de l'illustre Canova mort à Venise en 1822; *St-Roch*, dont le maître-autel est incrusté de pierres précieuses et de gravures sur marbre, outre qu'elle est enrichie de belles peintures du Titien et du Tintoret; *Santa Maria della salute* où sont les cendres de Sansovino et qui est décorée de 125 statues; *St-Pierre*, la plus ancienne église de Venise où l'on montre une

chaire qui aurait, dit-on, servi aux prédications de St-
Pierre à Antioche; l'église *des Scalzi*, avec ses colonnes
de marbre rouge, ses colossales statues de prophètes,
ses balustrades en pierres de touche et ses portes de
mosaïque; l'église *des Jésuites* qui possède aussi un des
grands chefs-d'œuvre du Titien, le *Martyre de Saint-
Laurent*, etc.

Quant aux palais, ils bordent en majeure partie le
grand canal, principale artère de Venise sur une longueur
de plus de trois kilomètres, où ils se pressent et s'épau-
lent. Toute la noblesse vénitienne avait signé son nom
sur les façades monumentales de ces riches habitations
qui renferment de précieux objets d'art et de belles galeries de tableaux.

De toutes ces galeries, la plus considérable comme la
plus intéressante est celle du palais *Manfrin*. Elle renferme de nombreux tableaux de l'école vénitienne, entr'autres une *Descente de croix* où le Titien, si mondain
d'habitude, s'est montré chrétien fervent et recueilli; les
autres écoles italiennes y sont aussi représentées par
Jean d'Udine, Augustin Carrache et le Guide; en outre
elle possède quelques toiles étrangères de Rubens, Rembrandt et Murillo.

Après le palais Manfrin, quelques-uns des principaux
sont le palais *Barbarigo* où Titien termina sa vie séculaire
et où l'on admire le groupe de *Dédale et d'Icare*, dans
lequel Canova, jeune encore, s'était pleinement révélé; le
palais *Pisari*, de style allemand du xv⁰ siècle où se trouve
le grand tableau de P. Véronèse représentant *la famille
de Darius aux pieds d'Alexandre*; le palais *Foscari*, où

logeaient autrefois les souverains qui visitaient Venise; le palais *Moncenigo* qui servit de demeure à lord Byron en 1818; le palais *Calergi* qui est actuellement occupé par M^me la duchesse de Berry et qui renferme une belle galerie de tableaux des peintres anciens et modernes, italiens et français; le palais *Michelli*, décoré de tapisseries de haute lisse tissues d'après les dessins de Raphaël; le palais d'*Oro* qui appartient à M^lle Taglioni et dont la façade est toute découpée à jour; le palais *Corner*, où est déposé le fameux plan de Venise gravé sur bois par Albert Dürer; le palais *Lorédan*, qui, dans le XII^e siècle, fut la demeure du vainqueur de Constantinople, le célèbre Henri Dandolo; le palais *Pesaro* que de récentes infortunes ont rendu tristement célèbre.

Il y a un an à peine qu'un prince de Bevilacque et sa jeune épouse, comtesse de Neuenfels, habitaient cette somptueuse demeure et cherchaient à renouer les liens d'une société dissoute en inaugurant une ère nouvelle de réceptions et de fêtes. Cédant tous les deux à l'entraînement de la jeunesse, ils s'étaient jetés étourdiment dans la voie des plaisirs et menaient à grandes guides leur fortune princière.

L'intérieur du palais révèle, dans chaque détail, les goûts fastueux de ses hôtes illustres. C'est la richesse parée de tous ses oripeaux : tentures de velours et de damas, rideaux de lampas et de guipure antique, tapis de brocatelle, ameublements de satin, incrustation de pierres précieuses et d'or, glaces, étagères, cristaux, en un mot toute la superfétation du luxe a trouvé place dans cet opulent séjour.

Ses fortunés habitants s'y promettaient de longues

années de félicité, quand la mort est venue fondre, comme un oiseau de proie, sur ce nid de colombes qui n'est plus aujourd'hui qu'une navrante solitude.

Le prince a vu l'agonie s'asseoir au chevet de sa jeune épouse naguère belle comme une madone et fraîche comme une pervenche. Pour lui qui ne connaissait de la vie que les illusions de la jeunesse et de l'amour, l'épreuve était trop forte, il s'affaissa sous le poids de sa douleur et, un mois après, le délire le conduisait à la tombe.

En quittant ce palais de deuil, nous n'étions guère tentés d'en visiter d'autres; aussi, comme diversion, nous nous fîmes conduire à la place St-Marc qui est à Venise le centre unique de mouvement et de vie.

La place St-Marc est précédée de la Piazzetta qui en est comme le vestibule et qui est remarquable par sa position.

Encadrée entre le palais des doges et l'hôtel des monnaies, d'un côté elle aboutit à St-Marc et de l'autre aux lagunes. Au milieu s'élèvent deux colonnes de granit africain d'un seul bloc. Sur l'une est saint Théodore foulant aux pieds un crocodile; au sommet de l'autre est le lion de St-Marc, les ailes déployées, la griffe sur l'Evangile. Saint Théodore figure là comme ayant été le premier patron de la république naissante jusqu'au IXe siècle où les Vénitiens rapportèrent d'Alexandrie les précieuses reliques de l'évangéliste saint Marc en l'honneur duquel ils ont entrepris la construction de leur basilique et qui a été, depuis, l'objet de toutes leurs prédilections.

De la Piazzetta, le regard embrasse à la fois les coupoles de St-Marc, le palais des doges, le lion accroupi sur sa colonne, les lagunes avec leurs eaux vertes et leurs gondoles noires, l'île de la *Giudecca*, avec sa longue frange de maisons, celle de *St-Georges*, avec son clocher rouge et sa ceinture de barques, puis, entre deux, le canal *della Grazia* qui ouvre une échappée sur la mer.

On ne se lasse pas de pivoter sur soi-même pour contempler sous toutes ses faces ce ravissant spectacle et, le soir, quand les lumières éparses tremblottent au bord de l'eau en s'allongeant par réflexion comme des anguilles de feu, quand les gondoles rasent l'onde comme des oiseaux de mer attardés, quand la nuit étoilée retentit de quelque gracieux andante ou de quelque mélancolique adagio, on passerait des heures entières accoudé à la rampe du canal à écouter et à regarder.

La place St-Marc est un vaste quadrilatère dont la configuration présente assez d'analogie avec celle du Palais Royal à Paris. Sur trois côtés, les édifices qui lui servent d'encadrement sont supportés par des arcades formant galerie couverte, sur une longueur continue de 450 mètres. Là, comme à Paris, la circulation est alimentée par de riches magasins, de somptueux cafés et d'élégantes vitrines où s'étalent tous les produits qui se fabriquent à Venise, tels que glaces, cristaux, dentelles, aventurines, etc. Les arcades sont aussi le rendez-vous des bateleurs, des chanteurs ambulants et de cette nuée de mendiants, qui, dans toute l'Italie, pullule comme les moustiques.

Une délicieuse musique hongroise nous attirait chaque soir au milieu de cette fourmilière et nous dédommageait de la fermeture du théâtre la *Fenice*, un des plus beaux de l'Italie.

Presque à un des angles de la place, et en avant de la cathédrale, se dresse à une hauteur démesurée un immense campanile qui surpasse en élévation les tours de Bologne, de Vienne et de Strasbourg.

C'est là qu'il nous reste à monter pour prendre une vue d'ensemble de la ville dont nous venons de donner un aperçu de détail.

Le campanile est une tour en briques terminée par un toit aigu surmonté d'un ange d'or; il n'a pas d'escalier. On y monte par une pente ménagée. Du haut de la plate-forme, des colonnes de marbre vert et rouge supportent quatre arcades sur chacune des quatre faces de la tour et permettent à la vue d'embrasser tous les points de l'horizon.

En regardant au-dessous de soi, on aperçoit le toit du palais ducal, tout lamé de plomb, celui de St-Marc, avec ses demi-globes en croix, la grande place avec son encadrement géométrique, la Piazzetta avec son pavé à compartiments, et le grand canal, avec ses reflets chatoyants, puis une succession non interrompue de toits hérissés de cheminées, « car, ce qu'il y a de singulier, dit Th. Gauthier, c'est que nulle part on ne découvre l'apparence d'un canal; les coupures que devraient faire ces rues d'eau dans les îles de maisons ne se soupçonnent même pas; tout forme un bloc compact, une tempête figée de tuiles et de combles, où les églises surnagent comme des vaisseaux à l'ancre. »

7

Cet immense noyau opaque coupé de canaux invisibles est enchassé dans un cercle de lagunes semées de nombreux îlots dont quelques-uns se perdent dans le scintillement des vagues.

Derrière les îles de St-Georges et de la Giudecca s'allonge la flèche de l'île St-Clément, lieu de pénitence pour les prêtres disciplinaires, puis le vaste hôpital de l'île *San Servolo*, disposé dans d'excellentes conditions hygiéniques ; au-delà, le port de *Malamacco*, protégé par ses digues de pierres grises ; en inclinant vers la droite, le couvent des *Arméniens* avec ses murs de briques roses mouchetées de blanc ; enfin, entre Venise et la mer, la promenade du Lido, où se réunissait le monde élégant, au temps de la splendeur de Venise, mais qui n'est plus aujourd'hui qu'une plage sablonneuse décrivant une ligne cendrée au-delà de laquelle on voit l'immensité dans un fond de vapeur et d'azur.

Depuis le premier plan de cet éblouissant panorama éclairé par la chaude lumière d'un ciel transparent, jusqu'aux dégradations des dernières lignes où le regard nage dans le vague, il y a là un ensemble de tons et d'effets à désespérer tout artiste qui remue un pinceau.

Au sortir de Venise, comme les limites de notre programme nous obligeaient à rétrograder vers les Alpes, nous allâmes droit au lac de Côme si renommé pour la beauté de ses sites et la douceur de son climat.

Son bassin est fermé de tous côtés par une enceinte de montagnes dont les cîmes bizarrement découpées dentellent la corniche du ciel et dont les pentes ménagées aboutissent à une ceinture de coteaux que l'opulence italienne a semés de maisons de plaisance rivalisant entre elles de luxe et de coquetterie.

Les bateaux à vapeur permettent à peine de jeter un coup-d'œil d'ensemble sur cet amphitéâtre si riche de détails.

Quand nous partîmes de Côme, les rives du lac étaient encore baignées de vapeurs matinales qui se repliaient lentement comme des voiles de gaze en laissant à découvert les villages, les châteaux, les bosquets et les jardins qui tapissent ces riantes collines. Du milieu de la verdure s'élançaient des milliers de tourelles et de campaniles dont les écailles d'ardoise et de ferblanc scintillaient aux premiers rayons du soleil.

Nous nous arrêtâmes à la station de Bellagio, avec l'intention de visiter en barque quelques-unes des villas les plus en réputation.

A cet endroit le lac se bifurque et le promontoire qui s'élève au point d'intersection est couronné par la villa *Serbelloni* à laquelle on peut sans hésiter décerner la palme, non qu'elle ait de grandes prétentions architecturales, son habitation est au contraire des plus modestes, mais ce qui lui donne sur ses rivales une supériorité marquée, c'est son incomparable situation et le charme de ses dépendances. Outre des jardins plantés d'orangers, de citronniers et d'amandiers, elle a la propriété exclusive d'une immense colline boisée d'où l'on peut contempler le lac sous tous ses aspects et s'égarer indéfiniment dans des sentiers ombreux, des futaies séculaires et des clairières mystérieuses ; c'est la nature prise sur le fait, on n'imagine rien de plus ravissant.

Non loin de là s'élève la riche demeure du duc de Melzi, au milieu d'un parc assurément fort beau, mais où l'art a comprimé tous les mouvements de la nature.

Ces deux résidences peuvent donner la mesure de toutes les autres ; seulement le palais Melzi a rencontré plus d'imitateurs que la villa Serbelloni.

De Bellagio nos bateliers nous conduisirent sur l'autre rive où nous comptions prendre la route qui relie le lac de Côme à celui de Lugano. A cet effet nous nous mîmes en quête d'un voiturin, de concert avec deux dames allemandes d'un âge fort respectable, qui, voyageant dans la même direction, avaient eu l'ingénieuse pensée de s'adjoindre à nous, afin de réaliser une économie sur leurs frais de transport.

Arrivés au lac de Lugano qui étend un de ses bras dans la Lombardie et allonge l'autre dans le Tessin, notre projet était de gagner par eau la rive du canton suisse.

Le ciel était pur, pas une vapeur n'en ternissait l'éclat, l'eau était limpide, pas un pli n'en ridait la surface et tout nous promettait une charmante traversée. Après en avoir réglé les conditions, nous nous confiâmes à quatre vigoureux rameurs et notre barque, chassée à coups d'avirons, eut bientôt quitté le bord.

Nos Allemandes qui continuaient à recueillir les béné-fices de l'association, nous témoignèrent par leur verve et leur belle humeur combien elles appréciaient cette manière de voyager. Elles avaient du reste un esprit cultivé et un caractère indépendant qui donnaient de l'attrait et du piquant à leur conversation.

Toutes deux originaires de Lubeck, une des quatre villes libres de la Confédération Germanique, elles exaltaient beaucoup les franchises et les libertés de leur petite république qui ne relève que de son conseil de bourguemestres et où la bourgeoisie fait ses affaires en famille. Cette constitution civile leur paraissait bien supérieure à toutes les organisations politiques. Elles professaient du reste le culte le plus sincère pour l'Allemagne en général et pour Lubeck en particulier.

Ce sentiment, fort honorable assurément, était quelque peu entaché de partialité à l'endroit des étrangers. Les Français notamment leur donnaient visiblement de l'ombrage. Tout en rendant hommage à la loyauté de leur caractère et à l'atticisme de leur esprit, elles les raillaient beaucoup sur ce qu'elles appelaient leur jactance et leur prétention à s'arroger le monopole de l'esprit et du goût, à se considérer comme la première des nations et à se figurer que le prestige de leur grandeur doit fasciner le monde. Comme spécimen de cette aveugle admiration, elles nous dirent avoir entendu un orateur français déclarer, avec un accent convaincu, qu'après le ciel, la plus belle patrie.... c'est la France. Le rapprochement, il faut en convenir, était un peu hardi et ne trouvait son excuse que dans un ardent patriotisme.

Sur ce point nous tombâmes parfaitement d'accord avec ces dames, en les forçant à convenir, de leur côté, que si nous regardions notre patrie avec des yeux trop prévenus, elles ne parlaient guère de la leur avec plus de modestie; qu'au reste ce langage, de part et d'autre, avait sa source dans un trop louable sentiment pour n'être pas accueilli avec une extrême indulgence.

A supposer d'ailleurs que la France s'exagère son importance, encore faut-il admettre que ses prétentions ne sont pas tout-à-fait illusoires, car l'histoire des faits est là pour témoigner d'une influence que l'Allemagne elle-même ne semble pas lui contester, à en juger par ce mot caractéristique de M. de Humboldt: « Quand la France a le rhume de cerveau, toute l'Europe éternue. »

A cela nos Allemandes objectèrent que les paroles de leur illustre compatriote avaient une signification purement politique et qu'il ne faudrait pas y voir un aveu de notre suprématie intellectuelle et morale. Il était évident, pour elles, que les idées les plus fécondes avaient germé sur le sol allemand et que leur patrie brillait par ses lumières d'un incomparable éclat.

Pour mieux nous édifier à cet égard, elles nous firent un pompeux étalage de leurs gloires scientifiques et littéraires rehaussées par des noms tels que ceux de Leibnitz et d'Herschell, de Klopstock et de Lessing, de Goethe et de Schiller, de Kant et de Fichte, de Schelling et d'Hégel, etc.

Quant à nous, nous n'essayâmes même pas de dérouler la liste des illustrations françaises, en nous excusant sur ce qu'elle était tellement volumineuse que la mémoire la plus exercée reculerait devant une pareille tâche. La France d'ailleurs a-t-elle à donner la mesure de sa valeur avec des noms comme celui de Bossuet qui n'a pas encore rencontré de rival ; comme celui de Pascal qui devinait la géométrie à douze ans et s'élevait dans *ses Pensées* à des hauteurs vertigineuses pour la raison ; comme celui de Descartes, le plus grand mathématicien de son temps et un des plus grands philosophes de tous les temps ; comme celui de Corneille, surnommé *le Grand*, à cause de la stature de son génie ; comme celui de Montesquieu, *qui ramassa toutes ses forces*, suivant l'expression de d'Alembert, pour enfanter l'esprit des lois ; comme celui de Saumaise, second Pic de la Mirandole, qui fit le tour des connaissances humaines, *de omni re scibili*, et enfin, pour en finir, comme celui de Châteaubriand, qui a été proclamé en France et hors de France, le premier écrivain du XIX<sup>e</sup> siècle.

Ici nos interlocutrices crurent devoir revendiquer en faveur de Goethe la palme que nous décernions trop gratuitement, suivant elles, à l'auteur de *René*. Et cette réserve faite, elles nous exprimèrent leur étonnement de ce que, malgré la brillante pléiade de génies dont nous étions justement fiers, nous n'avions pas un seul monument littéraire à opposer à *la Messiade*.

Cette observation, déjà bien des fois reproduite, repose sur une simple question de forme, car les trésors littéraires que nous a légués le XVII<sup>e</sup> siècle représentent, sous d'autres modules, l'équivalent de bien des poëmes comme celui dont s'honore l'Allemagne.

A tout prendre d'ailleurs, la muse épique a eu aussi son chantre parmi nous et *la divine épopée* d'Alexandre

Soumet dépasse même comme hardiesse de conception la Messiade de Klopstock.

A cette déclaration inattendue, nos Allémandes firent un bond qui faillit compromettre l'équilibre du bateau; elles s'indignaient qu'on osât confronter si légèrement leur poëte national avec *ce M. Soumet* dont elles n'avaient jamais entendu parler.

Ce fut à notre tour de leur en marquer notre étonnement et de leur expliquer comme quoi, après Milton qui a chanté la chûte de l'homme, après Klopstock qui a chanté sa rédemption, Al. Soumet est allé réellement beaucoup plus loin en chantant le rachat des réprouvés.

Poussant vers le ciel un vaste cri d'espérance et implorant de la miséricorde céleste un dernier miracle, l'auteur de la divine épopée nous montre le Christ s'immolant une seconde fois pour le salut de l'enfer; la foi et l'amour entrent dans l'abîme, l'ange tombé reprend les traits du séraphin, et la clémence du Tout-Puissant se déploie comme un immense pavillon sous lequel vient s'abriter l'humanité tout entière.

Il était impossible, on le voit, d'user plus largement des priviléges de la poésie. Du reste l'auteur s'est franchement expliqué sur la question d'orthodoxie que soulevait son œuvre en disant : « qu'une vue de l'imagination n'est pas une croyance, et qu'une invention épique ne peut en aucune manière porter atteinte à l'inviolable autorité du dogme. »

Quant au mérite littéraire de cette composition dramatique, il est certain que, malgré ses richesses de poésie, elle ne peut soutenir le parallèle avec les chefs-d'œuvre du Dante, de Milton, de Klopstock, et nous eûmes la franchise d'en convenir, tout en constatant que cette œuvre épique suffisait à combler la seule lacune des productions de l'esprit français.

Nous en étions là d'une discussion qui nous avait quelque peu distraits de la vue du paysage quand nous fûmes rappelés au sentiment des objets extérieurs par les notes graves de l'*Angelus* du soir qu'on sonnait à un village voisin suspendu à l'escarpement de la rive.

Rien ne dispose à la rêverie comme ces voix métalliques entendues au milieu du recueillement de la nature dont elles semblent être l'interprète auprès de Dieu. Nous écoutâmes religieusement cet hymne de la prière et quand la cloche eût cessé de vibrer, nous nous abandonnâmes sans réserve aux charmes d'une ravissante soirée.

Les derniers feux du crépuscule s'éteignaient à l'horizon; la nuit ouvrait ses écrins et se parait de tous ses diamants; la lune montait lentement au ciel en réfléchissant dans l'eau son image vacillante. Mollement couché au pied des montagnes qui l'abritent, le lac semblait dormir; ses rives se voilaient d'ombres et les objets tremblant dans la brume communiquaient à la pensée quelque chose de vague et d'indécis. L'air était tiède, la nature était calme; au milieu du silence, nous n'entendions que le bruit cadencé des rames et la plainte de l'eau que déplaçait la quille du bateau en glissant à la surface.

On voudrait prolonger les heures fugitives passées dans cette enivrante contemplation ; aussi quand notre barque vint heurter la rive et s'amarrer au port, nous jetâmes un regard de regret sur le sillage qu'elle venait de décrire en nous berçant de si douces émotions.

La ville de Lugano que les derniers ducs de Milan ont cédée à la Suisse en 1512 est adossée à une rampe gracieuse ; la tête penchée dans la verdure et les pieds étendus sur la grève, elle regarde le lac et semble rêver. Ce qu'on a de mieux à faire, c'est de l'imiter, car, à part sa cathédrale attribuée à Bramante, l'architecte de saint Pierre à Rome, elle n'a rien qui puisse longtemps captiver l'attention.

Le lendemain, nous prîmes congé de nos deux voyageuses allemandes sans nous faire illusion sur l'impression qu'elles devaient garder de notre rencontre et, le soir même, nous étions installés au bord du lac Majeur qui se déroule comme un long ruban d'argent dont l'Autriche, le Piémont et la Suisse se disputent les morceaux.

Les îles Borromées, qui embellissent son bassin, dépendant de la province de Novare en Piémont. On en compte trois : l'*isola madre* (île mère), qui a plus de développement que les deux autres, l'*isola bella* (île belle), qui ressemble à une décoration de théâtre et l'*isola dei pescatori* (île des pêcheurs), qui tire son nom de la profession de ses habitants.

On s'est plu à voir dans ces îlots la réalisation de toutes les merveilles étalées sous les yeux du bon

Ulysse dans les îles de Circé et de Calypso. Ce sont, en réalité, trois assises de rochers qui émergeaient, du sein de l'eau, dans toute leur nudité, quand, en 1670, il prit fantaisie au comte Vitalien Borromée de leur tresser une splendide couronne de verdure. Ce caprice princier a dû engloutir des sommes fabuleuses, car l'imagination recule devant les travaux qu'il a fallu entreprendre pour asservir une nature aussi ingrate et la transformer en un séjour aussi riant.

L'*isola Bella* notamment éblouit par sa magnificence. Au nord s'élève le palais des Borromée qui n'ont rien épargné pour en faire une habitation royale. L'ameublement réunit tout ce que la marqueterie, l'écaille et la mosaïque ont de plus précieux, et les galeries de tableaux renferment d'excellentes toiles de Giordano, Procaccini, Andrea del Sarto, etc.

Toute la partie méridionale de l'île est occupée par les dépendances du château. Ce sont d'abord huit terrasses étagées en gradins et reliées les unes aux autres par de vertes ceintures de citronniers, de grenadiers, de jasmins et d'orangers. Chaque plate-forme est semée à profusion de statues allégoriques, chaque parterre est surchargé de fleurs exotiques et de nombreux jets d'eau, constamment alimentés, retombent dans d'élégants bassins où s'épanouit une végétation flottante de glaïeuls et de nénuphars.

De la terrasse supérieure, le regard domine le lac, embrasse la ligne de montagnes qui encadre son bassin et va se perdre dans les neiges du Simplon.

Tous ces jardins suspendus sont supportés à la base

par de vastes grottes à rocaille incrustées de petits cailloux micacés et granitiques qui ont l'éclat de la pierre précieuse et dont les nuances contrariées décrivent sur les parois mille arabesques fantastiques.

Plus loin, ce sont de nouvelles féeries; des bois de lauriers, des bosquets d'orangers, des allées de magnolias, des berceaux de cédrats et des ombrages empruntés à toutes les latitudes. Le cèdre du Liban, l'if du Japon, le cyprès d'Ecosse, le palmier d'Egypte, l'aloès d'Arabie, le mûrier d'Amérique, le laurier de Laconie forment, à chaque pas, d'épais massifs qui entrelacent fraternellement leurs rameaux.

Disons-le néanmoins, toutes les richesses amoncelées sur ce coin de terre surprennent sans émouvoir. L'ordonnance de cette végétation est trop correcte pour éveiller autre chose que la curiosité. Il y a trop d'artifice dans sa toilette, trop de coquetterie dans ses charmes, trop de maniéré dans son maintien. Ce qui manque essentiellement à toute cette verdure attifée, c'est le parfum de naïveté qu'on aime à respirer au sein de la nature. Ses plate-bandes ressemblent à celles d'un jardin botanique, ses terrasses à celles d'une fortification, ses allées à celles d'un quinconce.

*L'isola madre* est, à notre avis, préférable à sa rivale, en ce qu'on y sent moins la main de l'art; ses ombrages sont plus discrets, ses bâtiments sont plus modestes, sa parure est plus simple, mais aussi le sentiment qu'elle inspire est plus vrai.

Quant à l'île des pêcheurs, elle offre peu d'intérêt; toute son illusion est dans la perspective.

Au sortir de ces îles célèbres, il nous restait à voir un monument qui ne l'est pas moins; c'est la statue colossale que la ville d'Arona a dédiée à la mémoire de saint Charles Borromée.

Comme nous étions à quinze kilomètres d'Arona, une barque d'escale nous conduisit sur le passage d'un des bateaux à vapeur qui descendent dans cette direction.

C'était par une fraîche matinée  le lac se dégageait des vapeurs de la nuit qui se dispersaient aux premiers rayons du soleil, comme des fantômes surpris par le jour; de gros nuages gris-perle se traînaient sur les hauteurs environnantes, en accrochant aux rochers des lambeaux de leurs manteaux flottants; de blanches nuées couraient dans l'air qui semblait charier de légers ballots de ouate, et l'eau, polie comme un miroir, réfléchissait ces tons nébuleux qui donnaient au bleu du ciel les pâles reflets de la turquoise.

Pendant que nous étions en panne sur le lac à considérer les mouvements désordonnés de ces brumes de l'atmosphère visiblement contrariées par la présence du soleil, nos bateliers nous firent remarquer une tache noire au milieu de l'eau; c'était le bateau, qui arrivait à toute vapeur, en se débattant comme une fourmi sur du mercure. En un instant il nous atteignit, nous prit à bord et cingla vers Arona.

Bien avant cette station, nous aperçûmes le monument de saint Charles qui dessinait sa silhouette sombre sur le fond lumineux du ciel. A voir cette statue géante, debout sur la colline, la tête dans les nuages, on croirait assister à l'apothéose de l'illustre prélat.

Le colosse d'Arona n'a pas les proportions de celui de Rhodes, dont neuf cents chameaux emportèrent les débris : mais c'est actuellement le plus grand que possède l'Europe. Il a 66 pieds d'élévation, et le piédestal qui le supporte en a 46. La tête, les pieds et les mains sont coulés en bronze ; le surplus est modelé en feuilles de cuivre battu. On évalue à plus d'un million la dépense de ce gigantesque monument, dû à la spontanéité des habitants d'Arona, mais élevé, en majeure partie, aux frais de la famille Borromée.

Saint Charles naquit en 1538, au château d'Arona. Il était fils du comte Gilbert Borromée et neveu du pape Pie IV, qui le nomma cardinal à 23 ans et l'appela à l'archevêché de Milan, où le saint prélat est mort épuisé de jeûne et de dévoûment, à l'âge de 46 ans.

Ce qui caractérisait surtout cette nature d'élite, c'était une angélique bonté qui se traduisit dans les actes de sa vie par des prodiges de charité. Son admirable conduite pendant la peste qui désola Milan, en 1576, suffirait seule à éterniser la gloire de son apostolat.

Sa statue le représente en costume de cardinal, tenant un livre d'une main et bénissant de l'autre la contrée qui garde le culte de son souvenir.

Cette composition artistique est, du reste, parfaitement réussie, et, ce qui constitue son principal mérite, c'est moins son écrasant volume que l'harmonie des proportions et la fidélité de l'expression.

Pendant que nous accordions toute notre attention à

la physionomie extérieure du monument, deux hommes armés d'une formidable échelle vinrent nous proposer l'ascension intérieure du colosse, et nous eûmes la faiblesse de céder à cette invitation.

L'échelle sert à escalader le piédestal et à gagner la plate-forme. Une fois au pied de la statue, comme des écureuils au pied d'un sapin, les guides nous montrèrent dans un des plis de la draperie inférieure une ouverture plus sombre et plus étroite que celle d'un tuyau de cheminée. C'est par cette gaîne, noire comme un puits de mine, qu'on monte à la coupole du crâne.

La statue repose sur un axe de maçonnerie où sont scellées des tiges de fer qui soutiennent l'enveloppe de cuivre; c'est à ces armatures qu'il faut s'accrocher, en s'allongeant comme une belette et en tâtonnant comme un aveugle, pour arriver à la partie supérieure où quelques trouées projettent une faible lueur.

On sort de cette cage de métal avec le regret d'y être entré, car c'est se condamner à une gymnastique fort déplaisante, pour satisfaire une curiosité tout-à-fait stérile, au prix d'une véritable profanation.

Arona étant aux portes du Simplon, il ne nous restait plus qu'à prendre congé de l'Italie et à regagner les Alpes par *Domo* d'*Ossola*, petite ville de passage qui s'est mise à cheval sur la route pour que les voyageurs ne fussent pas tentés de lui échapper.

Cette limite franchie, les horizons se resserrent, les vallées s'assombrissent, les montagnes se dénudent;

néanmoins il faut préluder longtemps avant d'arriver aux abîmes du Simplon et l'on rencontre encore de nombreuses oasis de verdure où la flore alpestre a versé sa corbeille odorante, de riants pâturages dont les croupes ondulées s'étagent jusqu'à la lisière des sapins et des pentes de hêtres ou de châtaigniers qui abritent quelques chalets solitaires dont on envierait presque le pastoral séjour, tant on subit, malgré soi, l'influence attractive de ces paisibles vallées où l'on oublie un moment les stériles agitations de la vie.

Mais en poussant plus avant, l'impression change de caractère : les pentes deviennent plus abruptes, la route s'engage entre deux pyramidales assises de rochers qui ne laissent plus à découvert qu'une étroite bande du ciel avare de lumière ; les torrents écumant de rage renvoient aux échos leur effroyable concert et la nature prend des airs menaçants qui inspirent la terreur.

C'est le moment le plus opportun pour admirer la route dont on suit les audacieux lacets. On se demande comment elle a pu trouver une issue au milieu de ce chaos des éléments, alors que des abîmes de rochers et des avalanches d'eau semblaient, à chaque pas, lui opposer des barrières infranchissables. On s'effraie de la hardiesse des ponts qu'il a fallu jeter et des galeries qu'il a fallu creuser pour triompher des obstacles que la route ne pouvait ni franchir ni tourner.

La principale galerie, qui a 227 mètres de longueur, a exigé 18 mois de travail ; à l'entrée est gravée cette inscription : *Ære italo 1805, Nap. imp.* Au-delà de ce passage souterrain on traverse un pont dont le tablier repose

comme par enchantement sur deux rochers qui lui servent de culées naturelles, à une hauteur vertigineuse.

Cette route merveilleuse a coûté plus de 18 millions,
tandis que celle du Mont-Cenis ne revient pas à 8 millions ; ces prix comparés disent assez la nature des difficultés qu'a rencontrées le tracé du Simplon.

En débouchant sur le plateau supérieur on éprouve un
frisson à la vue d'un pauvre village qui est jeté là comme
un défi à la nature. Ses tristes cabanes perchées à plus
de 1,500 mètres au-dessus du niveau de la mer sont
dominées de toutes parts par les glaciers et privées,
pendant plusieurs mois, de la vivifiante lumière du
soleil. Les habitants de cette région désolée s'utilisent
au déblaiement de la route et au transport des marchan-
dises ; cette maigre industrie constitue leur unique res-
source.

A une heure de là un hospice occupe le point culminant
du passage du Simplon : habité comme celui du Saint-
Bernard par des religieux de l'ordre St-Augustin, il a,
comme lui, la charitable mission de secourir les voyageurs en détresse. La modestie de ces bons cénobites
s'insurge contre toute allusion à leur dévoûment, tant
ils sont convaincus qu'auprès du St-Bernard leur couvent
est une maison de plaisance. N'écoutant que les inspira-
tions d'une foi sans bornes, ils ignorent jusqu'au mérite
de leur abnégation, et quelle abnégation ! Voulez-vous
en connaître la mesure, écoutez Al. Dumas qui a, quand
il veut, autant de cœur que d'esprit :

« C'est seulement, dit-il, dans ces monastères bénis,
qu'on peut prendre une idée du sacrifice de ces hommes

9

qui ont abandonné les vallons ravissants du pays d'Aoste et de la Tarentaise, la maison paternelle qui se mirait peut-être aux flots bleus du petit lac d'Orta, humide et profond comme l'œil d'une espagnole amoureuse, la famille aimée, la fiancée avec sa dot de bonheur et d'amour, pour venir, un bâton à la main, un chien pour ami, se placer sur la route neigeuse des voyageurs, comme des statues vivantes du dévoûment. C'est là qu'on prend en pitié la charité fastueuse de l'homme des villes qui croit avoir tout fait pour ses frères, lorsqu'il a laissé ostensiblement tomber, du bout de ses doigts, dans la bourse d'une belle quêteuse, la pièce d'or que lui paient une révérence et un sourire. Oh! s'il pouvait arriver, au milieu de ces nuits voluptueuses de notre hiver parisien, quand le bal fait bondir les femmes comme un tourbillon de diamants et de fleurs, quand de beaux vers sur la charité ont attiré une larme juvénile au coin d'un œil brillant de plaisir, s'il pouvait arriver que les lumières s'éteignissent, qu'un pan de mur s'écroulât, que les yeux pussent percer l'espace et qu'on vît tout-à-coup, au milieu de la nuit, sur un étroit sentier, au bord d'un précipice, menacé par l'avalanche, enveloppé d'une tempête de neige, un de ces vieillards à cheveux blancs qui vont répétant à grands cris : « Par ici, frères! » Oh! certes, certes, le plus fier de son aumône essuierait son front humide de honte et tomberait à genoux en disant: O mon Dieu! »

En descendant le versant opposé du Simplon, nos regards s'arrêtèrent avec complaisance sur les glaciers bernois qui étaient pour nous d'anciennes connaissances; après de nombreux circuits dans des gorges hérissées de mélèzes, la route descend à Brig, bourg valaisan qui a un cachet tout-à-fait oriental avec ses toits couverts de schistes argentés, ses clochers arrondis comme les dômes d'une mosquée et les tours quadrangulaires de son vieux château surmontées de grosses boules de zinc.

De Brig, la route traverse le Valais dans presque toute sa longueur, parallèlement au Rhône qui, jusqu'à son débouché dans le lac, conserve la teinte limoneuse du torrent échappé des glaciers.

Nous revîmes avec plaisir cette jolie nappe bleue du Léman qui rappelle la mer; aussi le marquis de Boufflers a-t-il eu raison de dire : « que la Méditerranée a fait cadeau aux Genevois de son portrait en miniature. »

A notre arrivée à Genève, pressé de mettre fin à nos aventureuses émotions, j'échangeai une poignée de main avec mes deux fidèles compagnons et je m'esquivai au fond d'une retraite ombreuse où je savais rencontrer tous les charmes de l'amitié unis à toutes les séductions de la nature.

Il faut avoir traversé les phases mouvementées de la vie de voyage, il faut s'être saturé de la vue des rails, du bruit des locomotives et de l'odeur du charbon pour savoir le bonheur qu'on éprouve à venir abriter ses fatigues sous un toit hospitalier, au sein d'une campagne fraîche et parfumée comme une idylle de Théocrite, comme un tableau de Léopold Robert.

J'avais sous les yeux la vallée de Gex dont la plantureuse végétation me rappelait celle de la Lombardie, et de vertes pelouses déroulaient leur moëlleux tapis jusqu'au seuil de ma résidence.

Tout près de là, un village adossé à la rampe du Jura était à demi masqué par un rideau de feuillage; un énorme tilleul tordu comme un câble étendait ses bras séculaires sur le porche de sa modeste église et complétait les traits de cette physionomie champêtre.

En gravissant les pentes boisées de la montagne dont la base est garnie de châtaigniers et la cîme couronnée de sapins, je plongeai sur un océan de verdure où surnageaient quelques toits rouges comme des îlots de corail; plus loin, le lac de Genève se trahissait par ses reflets métalliques et le Rhône brillait comme un fil d'argent; derrière, les montagnes de la Savoie allaient en s'étageant de grandeur jusqu'à la croupe du Mont-Blanc qui s'avance dans la nue comme un cap dans la mer.

Escaladant d'un bond le géant des Alpes, je revoyais les riantes plaines d'Italie, comme on revoit les premiers horizons de la vie, à travers les pâles reflets du souvenir.